JN496212

# 하나님께서는

# 한 가지 성경만을 쓰셨다

이 송 오 지음

말씀보존학회

"이제 양들의 큰 목자이신 우리 주 예수를 죽은 자들로부터 다시 이끌어 내신 평강의 하나님께서 영원한 언약의 피를 통하여 모든 선한 일에 너희를 온전케 하사 그의 뜻을 행하게 하시고 예수 그리스도를 통하여 그분이 보시기에 기쁨이 되는 것을 너희 안에서 이루시기를 원하노라. 영광이 그분께 영원 무궁토록 있을지어다. 아멘." (히브리서 13:20-21)

# 하나님께서는

# 한 가지 성경만을 쓰셨다

# 서 문

신약성경은 주로 사도들의 서신으로 기록되어 시리아의 안티옥을 기점으로 해서 소아시아와 지중해 연안 지방으로 확산되어 갔고 그 후 콘스탄티노플을 거쳐 독일과 영국 등지로 전해졌다. 이렇게 전달된 성경은 그리스도인들의 손을 거쳐오면서 변개되지 않고 잘 보존되었다. 이것은 전통원문, 비잔틴 사본, 혹은 다수 필사본 등으로 불리웠고, 1510년 에라스무스, 1550년 스테파누스, 1598년 베자, 1633년 엘지버 형제 등에 의해서 헬라어 표준원문(Textus Receptus)으로 편수되었다. 이 원문에서 1384년 위클리프 성경, 1525년 틴데일 성경, 1539년 그레이트 성경, 1560년 제네바 성경, 1602년 비숍 성경, 1611년 〈킹제임스성경〉 등의 영어 성경이 번역되었고 또 이 원문에서 영어 〈킹제임스성경〉을 위시하여 프랑스 올리베탄 성경, 독일 루터 성경, 이태리 디오다티 성경 등 세계 주요 언어들로 번역되었다.

그런데 또 하나의 성경이 이상한 곳에서 시작되었다. 그것이 곧 이집트 알렉산드리아에서 시작된 소위 알렉산드리아 이단 종파의 오리겐(Origen, A.D. 184-254)의 성경이다. 오리겐은 예수 그리스도의 신성을 하나님 아버지와 동등시하지 않는 이단 종파인 에비온 학파로서 예수 그리스도의 신성과 권위에 대한 부분을 삭제 또는 변개시켜 버렸다(눅 2:33, 요 1:18, 행 8:37; 20:28, 롬 14:10, 골 2:9,10, 딤전 3:16 등). 이렇듯 이미 변개시킨 성경에서 유세비우스(Eusebius, A.D. 260-340)가 50권의 성경을 복사함으로써 변개된 성경은 확산되었고 제롬이 이 성경에서 라틴벌게이트 성경을 번역함으로써 로마 교회에 확산되었던 것이다.

이들을 따르는 사람들이 자랑스럽게 내세운 필사본은 시내 사본(Sinaiticus)과 바티칸 사본(Vaticanus)인데 바티칸 사본이 발견된 것은 1481년이고 시내 사본이 발견된 것은 1844년이다. 이들 사본이 원본에 가깝다고 주장하는 사람들도 있으나 만일 이들 사본들이 원본에 더 가깝다고 한다면 기독교계에는 초대 교회 이후 이 사본이 발견되기까지 온전한 성경이 없이 지내왔다는 결론에 이르게 되는데 과연 이를 수용할 사람이 있겠는가? 그러나 수용하는 사람들이 있었으니 이들은 소위 학자라는 사람들로서 학자임을 내세워 신학생들과 성도들을 현혹하고 오도해 왔던 것이다. 이들은 학문을 했을 뿐이지 진리를 공부한 사람들이라고는 볼 수 없다.

1879년 영국 캠브리지에서 두 학자 즉 웨스트코트와 홀트가 시내 사본가 바티칸 사본을 근거로 하여 헬라어 신약성경을 편수하였으며 이 성경에서 1884년 영어 개역본(Revised Version)이 번역되었다. 이로 인하여 지난 270년 동안 〈킹제임스성경〉을 사용해 온 교계에서는 하나의 커다란 혼란을 맞게 되었다. 〈킹제임스성경〉을 개정한 것이라고 명분을 내세웠으나 그것은 거짓말이고 실제로는 5,700여 군데가 틀렸던 것이다. 그들의 주장대로 그 성경이 원본에 가깝다고 한다면 그 성경은 킹 제임스 성경을 제압하고 꾸준히 사용되어야 했을 것이다. 그런데 그 성경을 지금 누가 어디에서 사용하고 있는가? 출판이 중단된 지 오래되었으며 아무도 사용하지 않고 있다. 이 어리석은 학자들이 교회에다 거짓말을 한 것이다. 거짓말의 원조는 사탄이다.

한편 독일 학자 에버하트 네슬(Eberhard Nestle)이 1898년에 웨스트코트와 홀트의 성경을 근거로 하여 일명 네슬 헬라어 판을 내놓았고 거기에서 한글 개역성경의 모체인 중국어 성경이 나왔다. 한글 개역성경은 네슬 판을 온전히 전승한 것도 아니며 첨가와 삭제가 무분별하게 이루어져 원문비평학적 견지에서 본다면 아무런 가치도 부여할 수 없는 하급 성경에 불과하다고 단언할 수 있다. 이 성경이 1천만 신도의 한국 교계에서 120여년의 성경 전통으로 이어져왔다는 것은 한마디로 수치인 것이다. 하나님께서는 하나님의 말씀을 경시한 사람의 마음을 혼동시켜 버리신다. 참된 말씀이 부재하는 곳에는 올바른 신학과 교리까지도 부재하게 된다. 이 땅에 영적 깊이를 통찰하여 말씀을 풀이하고 전하는 신학자와 목사가 몇 명이나 되는지 보자! 살아 있는 하나님의 말씀으로 복음을 외치는 설교자가 몇 명이나 되는지 보자! 성경을 문자적으로 해석하여 일깨워 주는 신학자가 몇 명이나 되는지 보자! 이 모두가 변개된 성경 때문인 것이다.

한글 개역성경과 〈한글킹제임스성경〉을 비교해 보면 신약에서만도 한글 개역성경에는 2,000단어 이상이 삭제되어 있다. 삭제된 성경(기존 성경)과 삭제되지 않은 성경(〈한글킹제임스성경〉) 중 어느 것이 참된 하나님의 말씀이겠는가? 대한성서공회에서 발행된 한글 개역, 공동번역, 새번역은 동일한 사본에서 번역되었는데 왜 동일한 사본에서 세 가지이 성경을 내놓았으며 그 이유는 어디 있는가? 이 세 가지 성경 가운데 어떤 성경을 가장 추천하고 싶은지 묻고 싶다. 생명의 말씀사에서 내놓은 현대인의 성경과 표준신약도 마찬가지로 같은 원문에서 번역되었다. 왜 기존의 한글 성경들은 하나같이 알렉산드리아 계열 사본을 선호하게 되었는지 궁금하기 그지없다.

하나님께서는 한 가지 성경만을 쓰셨다. 하나님께서는 혼돈의 하나님이 아니시다. 예수님께서는 어떤 성경(필사본)이 더 옳다고는 말씀하지 않으셨으나 그 대신 하늘과 땅이 없어져도 주님의 말씀은 없어지지 않는다고 단언하셨다. 삭제되고 변개된 부분으로 말미암아 오류를 지니게 된 성경이 어떻게 지식과 교리와 신앙의 최종적 권위가 될 수 있겠는가? 진리가 변하면 종교화되며 하나님의 실체가 가리워지면 우상화된다. 하나님의 사역에 종사하는 사람들은 하나님을 두려워해야 한다. 그러나 하나님보다도 사람들을 더 의식하고 자신들의 체면이 손상될까봐 전전긍긍하며 잘못된 일들을 서로 덮어주고 가리워 주고 건드리지 않음으로 해서 썩은 것이 더 썩게 되어 결국에는 하나님께 영광이 되지 못함은 물론이요 인간에게도 무익하게 되어 버린 것이 오늘날 한국 교계의 현실이다. 현존하는 성경 주석서들은 하나같이 교단 위주의 교리로 만들어져 윗 선배와 고명하신 학자(?)들을 예수님보다도 바울보다도 더 높이 받들고 권위를 세움으로 해서 병폐를 가중시키고 있다. 그로 인하여 성경을 보는 분을 상실하고 밝은 대낮인데도 소경이 되어 어둠 속을 헤매고 있는 것이다(사 59:10). 특히 가장 많은 오류를 범하고 있는 것이 마태복음, 사도행전, 히브리서, 요한계시록이다. 자기의 생을 연명하기 위하여 하나님의 복음을 수단으로 삼는 사람들은 깊이 참회해야 할 것이다. 그리스도의 심판석 앞에 설 때 그들이 받을 상급이 무엇이겠는가?

하나님께서는 한 가지 성경만을 쓰셨다. 하나님께서는 어떤 사람에게도 하나님의 말씀을 변개시켜도 된다는 특권을 부여하신 적은 없다. 성경은 변개되어서는 안 된다.

본서는 하나님의 말씀이 어떤 경로를 통해 어떻게 변개되었는가를 역사적 근거를 따라 설명하고 있다. 이 책의 뒤를 이어 원문비평학에 관한 여러 책들이 출간될 것이다.

주님의 크신 사랑이 독자 여러분의 가정과 사역 위에 더하시기를 기도한다.

1991년 8월 15일

저자 씀

**"하늘과 땅은 없어져도 내 말들은 결코 없어지지 아니하리라."**

(마가복음 13:31)

# 차 례

# 일러두기

1. 이 책의 성경구절은 〈한글킹제임스성경〉에서 인용하였음.
2. 영어 역본의 약자

   KJV = King James Version : 〈킹제임스성경〉, 1611.

   RV = Revised Version : 개역본, 1884.

   ASV = American Standard Version : 미국표준역본, 1901.

   RSV = Revised Standard Version : 개역표준역본, 1952.

   NEB = New English Bible : 새영어성경, 1961.

   NASV = New American Standard Version : 새미국표준역본, 1963.

   LB = The Living Bible : 리빙 바이블, 1966.

   NRSV = New Revised Standard Version : 새개역표준역본, 1973.

   NIV = New International Version : 새국제역본, 1973
3. 헬라어 원문의 약자

   T.R. = Textus Receptus : 표준원문, 1633.

   W.H. = Westcott and Hort Text : 웨스트코트-홀트 원문, 1881.

   N. = Nestle Text : 네슬 원문, 1898.

   B.S. =Bible Societies Text : 성서공회 원문, 1966.

   Aleph = Sinaiticus : 시내사본

   B = Vaticanus : 바티칸 사본

제1장

# 오직 한 가지의 성경

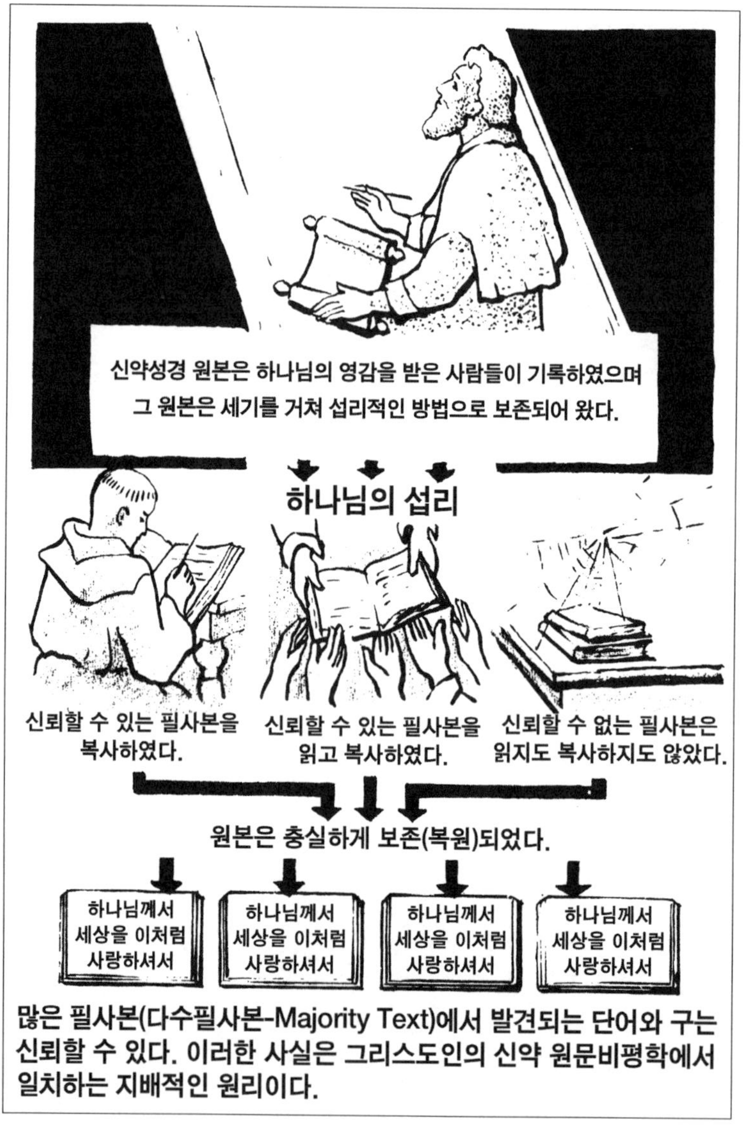
신약성경 원본은 하나님의 영감을 받은 사람들이 기록하였으며
그 원본은 세기를 거쳐 섭리적인 방법으로 보존되어 왔다.
하나님의 섭리
신뢰할 수 있는 필사본을
복사하였다.
신뢰할 수 있는 필사본을
읽고 복사하였다.
신뢰할 수 없는 필사본은
읽지도 복사하지도 않았다.
원본은 충실하게 보존(복원)되었다.
하나님께서
세상을 이처럼
사랑하셔서
하나님께서
세상을 이처럼
사랑하셔서
하나님께서
세상을 이처럼
사랑하셔서
하나님께서
세상을 이처럼
사랑하셔서
많은 필사본(다수필사본-Majority Text)에서 발견되는 단어와 구는
신뢰할 수 있다. 이러한 사실은 그리스도인의 신약 원문비평학에서
일치하는 지배적인 원리이다.

# 제 1 장
# 오직 한 가지의 성경

## 1. 하나님께서는 한 가지 성경만을 쓰셨다

하나님께서 인간을 사용하여 기록하신 유일한 성경은 세상에서 가장 온전한 두 가지 언어로 기록되었는데 구약은 히브리어로 신약은 헬라어로 기록되었다. 최초의 신약성경에 사용된 헬라어는 현대의 헬라어도, 고대의 헬라어도 아닌 코이네(koine) 즉 시장에서 일반 서민이 사용하는 통상용어(Common Language)였다. 이 두 언어로 기록된 최초의 본문이나 원본(The Original Autographs)과 똑같은 복사본은 그 누구도 다시 기록할 수 없는 절대 완전성을 지니고 있다.

그 이유는 하나님께서 오직 한 가지 성경에만 영감을 불어넣으셨기 때문이다. 만일 하나님께서 한 가지 이상의 성경을 영감으로 기록하게 하셨다면 인간은 겪어야 할 혼란이 너무 커서 감당할 수 없었을 것이다. 따라서 하나님의 영감으로 기록된 성경과 하나님의 영감으로 기록되지 않은 성경은 일치할 수 없으며 참된 하나님의 말씀으로 인정받을 수도 없는 것이다.

그런데 오늘날 여러 가지 상이한 성경들이 양산되어 혼란에 혼란을 가중시키고 있다. 어떤 성경은 어휘가 삭제되고 구가 삭제되고 전체의 절이 없는 것도 있으며 어떤 성경은 단락이 없는 것도 있고 장 전체가 손상을 입은 것도 있다. 뿐만 아니라 어떤 성경은 원문에 없는 어휘나 구절이 첨가된 것도 있다. 물론 삭제된 부분과 첨가된 부분들은 히브리어나 헬라어 원래 사본에서 기록하고 있는 어휘들과는 무관하며 또 이들 삭제되고 첨가된 부분들은 하나님의 거룩한 사람들이 성령에 의하여 하나님으로부터 받아서 기록한 것이 아니다(벧후 1:21).

## 2. 성경 변개에 대한 하나님의 경고

예레미야서는 B.C. 600년경에 기록되었는데, 그 내용을 보면 일단의 악인들이 하나님의 말씀을 변개시키는 데 대한 경종을 울리고 있다.

『**경이롭고 무서운 일이 그 땅에서 행해지는도다. 선지자들은 거짓되이 예언하고...**』(렘 5:30-31).

『**내가 이 선지자들을 보내지 아니하였음에도 그들이 달리며 내가 그들에게 말하지 아니하였는데도 그들이 예언하였도다**』(렘 23:21).

『**주가 말하노라. 그러므로 보라, 각기 자기 이웃으로부터 내 말들을 도둑질하는 선지자들을 내가 대적하노라**』(렘 23:30).

또한 하나님께서는 사도 베드로를 통하여 다음과 같이 기록하고 있다.

**『그러나 백성 가운데도 거짓 선지자들이 있었던 것처럼 너희 가운데도 거짓 교사들이 있으리라. 그들은 저주받을 이단들을 비밀리에 불러들여서 자기들을 사신 주를 부인하기까지 하며, 급격한 파멸을 스스로 불러들이느니라... 그들은 탐욕을 품고 지어 낸 말로 너희에게서 이득을 취하리니, 이제 그들의 심판은 예로부터 지체하지 않으며 그들의 멸망은 졸지 아니하느니라』**(벧후 2:1,3).

사도 바울 역시 A.D. 60년경에 고린도 교회에 보내는 그의 두 번째 편지에서 성경 필사본들이 변개되고 변질되었으며 이기적인 목적을 위하여 어떤 상품처럼 사용되고 있음을 지적하고 있다.

**『우리는** 하나님**의 말씀을 변개시킴으로써** *이익을 취하는* **여러 사람들과 같지 않고 오직 성실함으로써 또** 하나님**께로부터 난 자로서** 하나님 **앞에서와** 그리스도 **안에서 말하노라』**(고후 2:17).

여기에 사용된 "변개"는 헬라어로 "*카펠레우오*"인데, 이 말은 주로 장사를 하는 사람이 물건을 속여 팔고 이익을 취하는 행위를 말한다. 성경을 변개시켜서 돈을 버는 사람들은 하나님을 모독하는 극악한 행동을 취하는 자들이기에 성경을 변개시키는 사람은 그의 이름이 생명책에서 지워지는 극형을 받는 것이다(계 22:19).

또한 의심하지 않는 대중을 우롱한 이러한 말씀의 변개가 비밀리에 행해졌다는 사실을 잊어서는 안 될 것이다.

**『사람들이 잠자는 동안 그의 원수가 와서 곡식 사이에 독보리를 뿌리고 가 버리니』**(마 13:25).

여기에 또한 교훈이 있다. 독보리는 밀과 같이 자라고 또 그렇게 보인다. 그것은 마치 위선자도 그리스도인과 같이 행동하고 그리스도인처럼 보인다는 것이다. 그렇기 때문에 사람들은 일반적으로 거짓 교사들에게 쉽게 속기 마련이다. 이는 거짓 교사들도 사람들에게 접근할 때는 외형을 그리스도인으로 갖추고 오기 때문이며 그렇게 흉내내는 것이 그들이 배워야 할 우선적인 일일른지도 모른다. 하나님께서는 지금도 우리에게 거짓 교사들을 주의하라고 경고하고 계신다.

## 3. 또 다른 예수, 또 다른 영, 또 다른 복음

고린도후서 11:4에 따르면 또 다른 예수와 또 다른 영과 또 다른 복음이 있다. 여기에서 "또 다른 복음"이란 진짜 복음을 말하는 것이 아니다. 진짜 복음은 사탄의 비밀 첩자들인 일단의 사람들에 의해서 변질되어 버린 것이다.

이에 대하여 성경에 기록되기를 『**그러한 자들은 거짓 사도들이요, 기만하는 일꾼들이요, 자신들을** 그리스도의 **사도들로 가장하는 자들이라. 이것은 놀랄 일이 아니니 이는 사탄도 자신을 빛의 천사로 가장하기 때문이라. 그러므로 사탄의 종들이 의의 종으로 가장한다 하더라도 큰 일이 아니니라. 그들의 종말은 그들의 행위대로 될 것이니라.**』(고후 11:13-15)고 했다.

또 바울은 갈라디아서에 기록하기를 『**나는 너희가** 그리스도의 **은혜 안으로 너희를 부르신 분으로부터 그렇게 빨리 떠나 다른 복음을 따르게 됨을 이상히 여기노라. 다른 복음은 없나니 다만 너희를 교란시키는 어떤 사람들이 있어서 그들이** 그리스도의 **복음을 변개시키려는 것이라. 그러나 우리뿐만 아니라 하늘에서 온 천사라도 우리가 너희에게 전한**

**것 외에 어떤 다른 복음을 전한다면 그는 저주를 받으리라.**』(갈 1:6-8) 고 했다.

이렇게 사탄은 그의 거짓 복음을 가만히 퍼뜨리고 자기 수하에 있는 사람들을 이용함으로써 비밀 활동을 펴고 있으며(고후 4:3-4), 또 그들은 사탄에게 사로잡혀 사탄의 뜻대로 행하는 것이다(딤후 2:26).

바울의 때로부터 시작하여 여러 세기를 내려오면서 성경을 부패시킨 일당들의 속임수 기술은 괄목하게 향상되었다. 그래서 성경은 이러한 속임수에 넘어가지 않기 위해서는 성도들의 판단력이 성숙되어야 한다고 기록하고 있다.

『**그리하여 우리가 이제부터는 더 이상 어린아이가 아니요, 사람들의 속임수와 교활한 술책으로 그들이 속이려고 숨어서 기다리는 온갖 교리의 풍조에 밀려 이리저리 다니지 아니하고**』(엡 4:14).

『**그러므로 우리는 다른 사람들과 같이 자지 말고 깨어 있어 정신을 차리자**』(살전 5:6).

이제 성도들은 철학과 헛된 속임수의 희생물이 되지 않도록 주의해야 한다. 왜냐하면 그런 것들은 사람의 전통과 세상의 유치한 원리에 따라 된 것이지 우리 주 예수 그리스도를 따라 된 것이 아니기 때문이다.

## 4. 하나님의 파수꾼이 감시하고 있는 성경

하나님께서 영감을 불어넣어 세우신 파수꾼이 진리를 견지해 주고 있다. 이 파수꾼은 '성경 구절'로 자리잡고 있기 때문에 성경의 어떤 부분을 변경시키려는 시도로부터 성경을 지켜 주고 있다. 한 구절은 성경이 시작되는 앞부분에 있고 또 한 구절은 중간에 있고 세 번째 구절은 성경의 맨 마지막에 있다.

『**너희는 내가 너희에게 명령한 그 말씀에 더하지도 말고, 거기에서 빼지도 말고...**』(신 4:2).

『**너는 그분의 말씀들에 더하지 말라. 그분이 너를 책망하실까 함이며, 네가 거짓말쟁이가 될까 함이라**』(잠 30:6).

『**또 누구든지 이 예언의 책의 말씀들에서 삭제하면** 하나님**께서 생명의 책과 거룩한 도성과 이 책에 기록된 것들에서 그의 부분을 제하여 버리시리라**』(계 22:19).

성경의 내적 증거 역시 하나님의 영감으로 기록된 최초의 히브리어 필사본과 헬라어 필사본이 어떤 오류도 없다는 것을 증명해 주고 있다.

『**...주께서 주의 말씀을 주의 모든 이름 위에 크게 하셨음이니이다**』(시 138:2).

『**...성경은 폐기될 수 없나니**』(요 10:35).

『**율법의 한 획이 없어지는 것보다 하늘과 땅이 없어지는 것이 더 쉬우니라**』(눅 16:17).

## 5. 영적 생명을 구원하고 견지할 수 있는 단 한 가지의 성경

성경을 변개시키는 것은 피에 독소를 넣는 것과 같다. 즉 인체의 혈관에다 독소를 넣으면 그 피 전체가 독소가 되는 것처럼 하나님의 말씀도 마찬가지이다. 말씀이 첨가되거나 삭제되어 온전한 말씀이 변개되면 성경의 영감이 파괴되고 영적 혈관은 독소로 가득하게 된다. 그러나 거듭난 성도들이 신뢰할 수 있는 성경은 온전하고 순수한 피를 가지고 있다. 그것은 마치 우리의 육체적인 생명이 피에 달려 있듯이(레 17:1) 우리의 영적 생명 역시 피에 달려 있다는 것이다. 그 피는 바로 옛 그리스도의 보혈이며 하나님의 말씀이다(출 12:13, 히 9:22, 벧전 1:18-19).

사람의 혈관에 순수한 피가 알맞게 순환되고 있을 때 인체의 모든 부분이 살아 있다고 말할 수 있다. 이와 마찬가지로 모든 성도의 생명은 하나님께서 영감을 주셔서 기록하신 하나님의 순수한 말씀 곧 피가 순환되는 하나님의 말씀에 있다(롬 10:17, 벧전 1:18-19). 예수님께서도 말씀하시기를 『**내가 너희에게 한 말들은 영이요, 생명이라.**』(요 6:63)고 하셨다.

또한 하나님께서 솔로몬왕을 통하여 기록하시기를 『**내 아들아, 내 말들에 주의를 기울이고, 내가 말하는 것들에 귀를 기울이라. 그것들을 네 눈에서 떠나지 않게 하고, 네 마음속에 간직하라. 이는 그것들이 그것들을 발견하는 자들에게 생명이 되며 그들의 온 육체에 건강이 됨이라.**』(잠 4:20-22)고 하셨다.

결국 인간의 피만이 인간의 생명을 유지시킬 수 있다. 그러므로 그 피를 대체하는 대체물은 있을 수 없다. 이와 같이 영적 생명으로 거듭나게 하고 영적 생명을 유지시키며 성장시킬 수 있는 유일하고 온전한 하나님의 말씀을 대체할 수 있는 대체물은 결코 있을 수 없는 것이다.

## 6. 변질된 말씀에서 비롯된 믿음이 온전할 수 있겠는가?

성령의 근본 법칙은 『**그러므로 믿음은 들음에서 나오며 들음은** 하나님**의 말씀에 의해서니라.**』(롬 10:17)와 『**너희가 믿음으로 말미암아 은혜로 구원을 받았으니...**』(엡 2:8)이다. 그런데 만일 그 말씀이 변질되었다면 거기에서 나온 믿음은 썩은 것이고 생명을 주는 요소도 없는 것이다. 그렇게 되면 결국 믿음은 더 이상 온전한 것이 될 수 없다는 결론이다.

변개되지 않은 성경만이 하나님의 말씀이다. 이는 하나님께서 직접 하나하나의 어휘들을 선정하셔서 그 선정된 말씀을 인간에게 주셨기 때문이다. 『**예언은 예전에 사람의 뜻에서 나온 것이 아니요 오직** 하나님**의 거룩한 사람들이** 성령**으로 감동을 받아 말한 것이니라.**』(벧후 1:21)고 말씀하셨다.

여기에서 중요한 사실은 인간의 뜻에서 나온 말씀은 한마디도 없다는 것이다. 성경의 다른 여러 구절들도 이 진리를 강조하고 있다. 하나님의 말씀은 인간의 뜻에서 나온 것이 아니기에 인간의 뜻으로 변경시킨 부분은 전부 변질된 것이다. 변개되지 않은 성경만이 온전하며 혼을 구원하는 믿음을 생성시킬 수 있고 깊이 있는 말씀 연구와 "향상된 계시"(Advanced Revelation)를 발견할 수 있게 한다.

하나님께서는 하나님의 말씀에 관한 한 인간에게 어떠한 특권도 부여하신 적이 없으시다. 혼이 구원받고 영이신 하나님을 모신 거듭난 사람들은 하나님을 경외할 뿐만 아니라 하나님이신 그 말씀을 경외할 줄 알아야 한다. 또한 인간에게는 말씀을 변개시킬 권한이 없으며 다만 그 말씀을 손상시키지 않고 보존해야 하는 강한 책임이 있을 뿐이다. 하나님의 말씀은 모든 시비의 최종권위이며 최종 심판이기 때문에 인간의 생각이 스며들어 있는 의역 성경이 하나님의 말씀을 대신할 수는 없는 것이다.

하나님의 영감으로 기록된 말씀을 제쳐놓고 인간의 생각을 덧붙여 기록해 놓은 것을 하나님의 말씀으로 알고 믿으라고 하는 것만큼 큰 모독도 없을 것이다.

주님께서 마가복음 7:7에서 말씀하신 것을 기억해야할 것이다. 『**그러면서도 사람들의 계명들을 교리들로 가르치니, 그들이 나를 헛되이 경배하는도다.**』

## 7. 생명과 인격과 완전함과 판단을 가지고 있는 성경

『하나님**의 말씀은 살아 있고 활력이 있어 양날이 있는 어떤 칼보다도 예리하여 혼과 영, 그리고 관절과 골수를 찔러 가르고 마음의 생각들과 의도들을 판별하느니라. 그 어떤 피조물도 그분 앞에 나타나지 않는 것이 하나도 없나니, 오직 만물이 우리가 회계해야 하는 그분의 눈 앞에 벌거벗은 채로 명백히 드러나게 되느니라**』(히 4:12-13).

이 구절에서 하나님의 말씀은 의인화되어 있고 또 살아 있는 사람에게만 속한다는 특성이 있음을 알 수 있다. 여기서의 "말씀"(Logos)은 요한복음 1:1의 "로고스"(Logos)와 같다. 즉 말씀은 예수 그리스도이시다(요 1:14). 하나님의 말씀은 살아 있고 또 바로 그 안에 거하시는 하나님의 생명과 더불어 살아 있다는 뜻이다. 그 말씀은 찌를 수도 있고 가를 수도 있고 판별해 낼 수도 있고 비평할 수도 있다고 묘사되어 있다. 또 보는 역할과 인지와 판단을 겸해 가지고 있다.

예수님께서 말씀하시기를 『**나를 거절하고 내 말들을 받아들이지 아니하는 자는 그를 심판할 이가 있으니, 곧 내가 말한 그 말이 그를 마지막**

**날에 심판하리라.**』(요 12:48)고 하셨다.

하나님의 말씀이 살아 있다고 말씀하신 이유는 그 말씀이 하나님의 유일한 독생자이신 예수님의 동정녀 탄생과 밀접하게 연관되어 있어 그 말씀을 받은 사람은 누구든지 삶이 풍성해지기 때문이다.

하나님의 말씀은 양날이 있는 어떤 칼보다도 예리하다고 했다. 만약 30cm 정도의 면도날같이 예리한 칼을 가지고 30분 가량 조심성 없이 자기 마음대로 휘두르며 놀았다고 하자. 그 사람은 어떻게 되겠는가? 아마도 만신창이가 될 것이다. 이처럼 하나님의 말씀은 사람을 구원하기도 하지만 사람을 죽일 수도 있다는 사실을 알아야 한다. 하나님께서는 하나님의 말씀을 혼란시킨 사람의 마음을 혼란시켜 버리신다. 그렇기 때문에 그런 사람들은 올바로 사고할 수 없으며 영적 분별력도 없어진다. 그래서 그들은 구원의 복음은 제쳐놓고 도덕강론만을 일삼으며 결국에는 자기들이 쓰는 성경에서 어떤 영적 지식도 얻을 수 없는 비참한 현상에 처하게 된다. 이것이 곧 참된 하나님의 말씀이 없는 사람들에게 나타나는 실상이다.

## 8. 그리스도의 군사들로서 갖추어야 할 것들

모든 성도는 주 예수 그리스도에 의하여 선정된 그리스도의 군사이다(딤후 2:3-4).

우리 주 예수 그리스도의 군사로서 사탄과 대적하여 싸울 성도는 갖추어야 할 장비가 있다. 이러한 장비를 갖춘 완전무장의 모습은 에베소서 6:10-18에 잘 묘사되어 있다. 이 말씀은 우리에게 주신 하나님의 전신갑옷을 입으라는 명령이며 또 무엇보다 우선적으로 믿음의 방패와 구원의 투구와 하나님의 말씀인 성령의 칼을 갖추고 항상 기도하라는 말씀이다. 그런데 이러한 무장을 갖추는 데 있어서 하나님의 말씀이 없이도 완전하게 무장할 수 있다고 생각하는 것은 어리석은 발상일 뿐만 아니라 불가능한 일이다. 하나님의 말씀이 없이는 진리의 허리띠도 없으며 의의 흉배도 없고 화평의 복음도 있을 수 없으며 믿음의 방패는 물론이요 구원의 투구도 있을 수 없다. 그리스도의 군사를 만드는 데 필요한 요소는 믿음이며 완전 무장의 모든 부분은 하나님의 말씀에 의하여 마련된다.

에베소서 6:13에서 우리에게 주시는 명령은 전신갑옷을 입으라는 것이다. 이 무장은 이미 준비된 것이며 하나님께서 마련해 놓으신 갑옷이다. 이 갑옷을 마련하는 데 인간이 노력할 것은 아무것도 없다. 사람이 해야 할 일은 하나님께서 주시는 그 갑옷을 단지 선물로 받는 것이다. 이 갑옷을 입는 사람은 구원을 받을 뿐만 아니라 적의 맹공격으로부터도 완벽한 보호를 받는다. 그런데 하나님의 진리의 말씀이 오류와 변개와 삭제로 가득 찼다고 한번 상상을 해 보라. 또 엉터리 원문비평학의 교묘한 술책에 의해서 어떤 사람이 임의로 만든 성경이 사용되었을 경우를 생각해 보라. 이때 야기될 결과는 무엇이겠는가? 그 필연적인 결과는 다음과 같을 것이다. 즉 진리와 오류를 섞어서 만든 허리띠와 더러운 걸레 같은 의의 흉배와 불신과 불화로 날조된 화평의 복음과 적이 쏜 불화살에 잘 뚫리는 플라스틱 방패와 모순된 이론이 들어와 구원의 확신을 분쇄할 수 있는 망으로 만든 투구와, 튼튼하지 못하여 적을 찌를 수도 무찌를 수도 없는 칼로 무장하게 되는 것이다. 그렇다면 성심을 다하여 무장한 장비를 사용하였다 해도 인간이 만든 대체물로는 결코 혼을 구원할 수 없으며 사탄과 싸워 이길 수 없는 것이다. 그러므로 하나님의 말씀을 인간의 전통과 섞어 버리면 아무런 효용이 없는 것이며(막 7:13), 그런 까닭에 『'**주여, 주여.' 하고 부르는 자마다 다 천국에 들어가는 것**』은 아니다(마 7:21-23).

능력 있는(?) 사람이라고 해서 하나님의 말씀으로 자신의 칼을 만드는 것은 하나님의 뜻이 아니다. 그런데도 오늘날 많은 사람들이 자기 자신의 주관과 이론에 따라 자신의 성경을 만들고 그에 관한 책임을 지려는 경향이 있다. 따라서 만드는 사람에 따라 상호 간에 일치하지 않는 성경들이 상이한 양상을 조성하는 경향을 창출해 내고 있음을 볼 수 있다. 그러나 결코 인간이 만든 칼로는 사탄과 싸워 이길 수 없으며 참된 하나님의 말씀인 성령의 칼과 비교할 수 없다.

성경에는 "하나님의 말씀은 활력이 있다"고 말씀하며(히 4:12), 그것은 또한 "하나님의 입의 막대기"(사 11:4)이다. 그러므로 『**그들의 입에** 하나님을 **향한 높은 찬양들이 있게 하고 그들의 손에는 양날이 있는 칼이 있어**』(시 149:6)라고 기록하고 있다.

## 9. 믿음을 지키려면 열심히 싸우라.

성경은 여러 가지 면에서 꿀벌통과 같다. 각 단어는 꿀을 생산해 내는 한 마리의 벌과 같이 천국과 같은 달콤함을 그리스도인 모두에게 날라다 준다. 뿐만 아니라 성경 말씀은 매섭게 쏘는 침도 가지고 있는데 그것은 어떤 양날 가진 칼보다 더 예리하여 모든 적의 공격으로부터 보호하여 준다(히 4:12, 엡 6:17). 또 각 단어는 성령의 능력을 받은 날개가 있어 하나님의 말씀을 변개시키고 인간이 가공한 철학이라는 달콤한 꿀로 하나님의 영감받은 말씀을 대체시키려고 할 때 죄의 자각과 죄를 짓고 있다는 찔림을 주는 날카로운 침을 제공해 준다.

죽음의 마지막 침은 심판의 날에 처리될 것이다. 주 예수님께서 『**나를 거절하고 내 말들을 받아들이지 아니하는 자는 그를 심판할 이가 있으니, 곧 내가 말한 그 말이 그를 마지막 날에 심판하리라.**』(요 12:48)고 말씀하셨다. 이와 같이 성경은 벌꿀 집과 같아서 그 자체로 방어하고 보존할 수 잇는 것이다.

하나님께서는 침을 가진 땅벌을 보내시어 그의 원수들을 카나안 땅으로부터 쫓아내셨기에 선택받은 백성이 젖과 꿀을 풍성하게 먹을 수 있었다(수 24:12). 마찬가지로 침이 있는 벌을 이용하여 원수들을 쫓아내듯이 변개되지 않은 참된 하나님의 말씀을 양식으로 취할 때만이 신실하고 참된 그리스도인이 되는 것이다. 어떠한 대용물로도 결코 그 일을 해낼 수 없다.

하나님께서 A.D. 66년경에 유다를 통해서 말씀하시기를 『**이는 어떤 사람들이 몰래 들어왔기 때문이라. 그들은 옛적부터 이 정죄를 받기로 미리 정해진 자들이며 경건치 않은 자들이라. 그들은 우리** 하나님**의 은혜를 색욕거리로 바꾸어 유일하신** 주 하나님**과 우리** 주 예수 그리스도를 **부인하는 자들이니라.**』(유 4)고 하셨다. 이와 같은 상황 때문에 유다가 기록하기를 『**사랑하는 자들아, 우리가 함께 나누어 받은 구원에 대하여 내가 너희에게 글을 쓰려는 마음이 간절하던 차에 성도들에게 단번에 전해 주신 믿음을 위하여 힘써 싸우라는 편지를 써서 권고해야 할 필요를 느꼈노**

**니』**(유 3)라고 했다. 성도들은 이렇게 실천하면서 디모데후서 2:24의 말씀과 같이 모든 사람에게 온유하고 가르치기를 잘하며 잘 참아야 된다는 사실을 잊지 말아야 한다.

제 2 장

# 성경 변개의 역사

이것은 수도원, 납골당, 밀폐된 문안, 비밀위원회, 바티칸 도서관의 성경이다. 하나님께서는 이 원문을 누가 추천했든지 결코 사용하지 않으셨고 또한 축복하지도 않으셨다. 이 원문의 출처는 알렉산드리와 이집트이다.

리빙 바이블(The Living Bible), 새미국표준역본(NASV), 새개역표준역본(NRSV) 그리고 기존의 한글 성경의 근거가 된 변개된 원문의 전달 경로

# 제 2 장
# 성경 변개의 역사

## 1. 역사적으로 성경은 두 갈래로 전래되어 왔다

원문비평에 있어서 상호 연관을 갖는 역사적 업적이 밝힌 바로는 성경의 흐름이란 두 갈래로만 우리에게 전래되어 왔다는 것이다. 이러한 두 가지 흐름은 곧 두 가지 분리된 종교제도의 산물이다. 첫째는 영감받은 하나님의 말씀을 그 무엇보다도 우위에다 두는 참된 그리스도인의 신앙이다. 반면에 또 하나의 제도는 성경 위에다 무엇인가 다른 권위를 세우거나 인간의 전통을 성경의 권위와 동등하다고 생각하는 그릇된 신앙이다. 1546년 트랜트 공회(The Council of Trent)에서 53명의 고위 성직자들이 한 가지 칙령을 선언했는데 그것이 다름아닌 외경서(Apocrypha books)들을 하나님의 말씀으로 인정하고 존중하라는 것이었다(H.S. Miller, *General Biblical Introduction*, p.308).

먼저 실존하는 성경만이 하나님의 영감을 받은 것임을 밝혀 둔다. 성경과 연관시켜 볼 때 세 가지 신비로운 사실을 발견할 수 있다. 첫째는 성경이 하나님의 영감을 받아 기록되었다는 사실이다. 약 42명의 기록자들이 1700여 년이라는 오랜 시간과 각기 다른 시대적 배경에서 기록하였으나 동일한 주제로 기록되었으며 전체 내용이 상호 간에 일치를 보고 있다는 점이다. 하나님의 영감을 받은 사람들이 아니었다면 이 일은 불가능했을 것이다. 두 번째는 정경화 작업이다. 구약 39권과 신약 27권을 하나님의 말씀으로 결정하는 일은 성령님의 도움이 없이는 절대로 불가능한 작업이었을 것이다. 세 번째로 이 말씀이 하나님의 섭리적인 보존 방법에 의해서 보존되었다는 사실이다. 악한 세력들은 하나님의 영감에 의한 기록에 유사한 글들을 기록하게 해서 훼방하였고 정경화 작업에도 반대경(Antilegomena)과 위경(Pseudopigrapha)과 외경(Apocrypha) 등을 제시하면서 혼란을 가중시켰으며 성경이 보존되는 과정에 있어서는 폭군에 의한 성경 제거 선포와 거짓 학자들의 오역 및 삭제로 인한 변개는 지속적이고도 끈질기게 이어져 왔다. 또한 유사 성경의 출현들로 인해 원문에 관한 시비는 교단과 학자들과 신학교에 따라 다양한 형태로 주장되어 오고 있다. 그럼에도 불구하고 참된 하나님의 말씀은 섭리적인 방법으로 보존되어 왔다.

이와 같이 다른 변개된 성경들이 그럴싸하게 치장하고 등장할 수 있었던 것은 거듭나지 못한 자연인들이 소위 철학적이고 인본적인 비평을 근거로 성경을 취급했기 때문이다. 그러한 근거는 불확실하며 극히 가정적이고 신뢰할 수 없는 것들이다. 뿐만 아니라 서로 다른 성경들이 다양하게 나옴으로 인하여 신앙이 혼란하게 되었다. 이렇듯 성경의 변개가 성경

전래의 근원에서 발견될 수 있었다면 그 전체가 오염으로 확산되었을 것이라는 것은 자명한 일이다.

## 2. 하나님의 구원 계획을 분쇄하려는 음모

하나님을 대적한 사탄은 빛의 천사로 가장하여 그의 거짓 일꾼들을 부추겨서 그들로 하여금 "또 다른 예수"와 "또 다른 영"을 근거로 하여 "또 다른 복음"을 날조하기 시작했다. 이 획책은 참된 하나님의 말씀이 완성되기 이전부터 있었다(고후 11:1-4,14-15). 초기의 그리스도인들은 이러한 계략에 속았으므로 바울이 말하기를 『**나는 너희가** 그리스도**의 은혜 안으로 너희를 부르신 분으로부터 그렇게 빨리 떠나 다른 복음을 따르게 됨을 이상히 여기노라. 다른 복음은 없나니 다만 너희를 교란시키는 어떤 사람들이 있어서 그들이** 그리스도**의 복음을 변개시키려는 것이라.**』(갈 1:6-7)고 하였다. 그리하여 그들은 참된 성경 말씀에다 전통을 뒤섞어서 효능 없는 하나님의 말씀을 만들었던 것이다(막 7:13).

바울은 하나님께 속한 참된 사도였다. 그가 기록하기를 『**우리는** 하나님**의 말씀을 변개시킴으로써** *이익을 취하는* **여러 사람들과 같지 않고...**』(고후 2:17)라고 했다. 일단의 악인들이 대체물을 첨가시키는 과정을 통해서 성경 말씀의 자리에다 어떤 다른 것을 넣었던 것이다.

이에 관하여 성경에서는 이렇게 기록하고 있다. 『**율법사들이여, 너희에게 화 있으리라! 이는 너희가 지식의 열쇠를 치워 버려서 너희 자신도 들어가지 않을 뿐만 아니라 들어가려고 하는 다른 사람들도 막았기 때문이라**』(눅 11:52).

## 3. 현존하는 대부분의 성경들은 변개된 필사본에서 번역되었다

사도들이 죽기 전에도 세상의 일부에서는 새로운 종교(기독교)를 파괴시키려는 움직임이 있었다. 사도들이 죽은 후 100년이 되기 전에 이레내우스(Irenaeus)가 불가지론자 말시온(Marcion)에 관하여 말하기를 "그리하여 말시온과 그의 추종자들도 성경을 손상시키기 시작했으며 일부 성경(신약성경의 몇 권)은 전혀 인정하려 들지도 않았다. 그리하여 복음서를 누가복음으로 축소시켰으며 바울 서신들만이 진짜라고 주장하여 그들은 그들 스스로를 제한시키고 있었다. 그리고 기독교에 대한 공격은 주로 성경을 다루었다."라고 증언하였다. 에피파니우스(Epiphanius)는 그의 논문 〈파나리온, *Panarion*〉에서 80개 이상이나 되는 이단 분파를 설명하였는데 이렇게 다른 이단 분파를 설명하는 방법으로 각 파당은 그들 자신의 한계를 더 연장시키려고 했다.

신약성경이 가장 심각하게 변질되고 손상을 입었던 시기는 성경이 완성된 후 100년 이내였다. 아프리카 교부들과 서방의 전체 교부들과 시리아의 일부 교부들은 에라스무스(Erasmus)나 스테파누스(Stephanus)가 13세기 후반에 헬라어 표준원문(Textus Receptus)을 편수할 때 사용했던 것보다 훨씬 형편없는 필사본을 사용하였다. 성경 필사본들을 변개시켰던 사람들은 자기들이 고쳤다는 것을 자인했다. 변개된 복사본들이 널리 퍼졌기에 교부들 사이에 어떤 일치를 기대하기란 절망적이었다.

## 4. 신약성경에 대한 성경적 관점과 자연인의 관점

성경은 하나님께서 직접 영감을 불어넣으신 말씀이다. 우리 주 예수 그리스도께서 이러한 사실을 증거하신 것이 요한복음 14:26에 『**그러나** 위로자**이신** 성령을 아버지**께서 내 이름으로 보내시리니, 그가 너희에게 모든 것들을 가르치시며 또 내가 너희에게 말한 모든 것들을 기억나게 하시리라.**』고 기록되어 있다. 또 요한복음 16:12-13에서 말씀하시기를 『**내가 아직도 너희에게 말할 것들이 많이 있으나... 진리의** 영**이신 그분이 오시면 너희를 모든 진리로 인도하시리라. 그분은 스스로 말씀하지 아니하시며, 무엇이나 들은 것을 말씀하실 것이요, 또 너희에게 다가올 일들을 알려 주시리라.**』고 하심으로써 신약의 나머지 부분도 그러하다는 사실을 증거하셨다.

신약 기자들은 기록된 말씀이 하나님의 영감에 의해 기록되었다는 것에 확신을 가졌다. 누가복음 1:3에서 누가는 『**시초부터 모든 일을 정확하게 알고 있는 나도**』라고 언급했다. 바울도 고린도전서 2:13에서 이르기를 『**또한 우리가 그것들을 말하되 인간의 지혜가 가르치는 말로 하지 아니하고** 성령**께서 가르치시는 말로 하나니**』라고 했으며 고린도전서 14:37에서는 『**내가 너희에게 쓰는 글들이** 주**의 명령들임을 인식해야 할 것이라.**』고 했다. 베드로는 베드로후서 3:15-16에서 바울의 "서신들"이 "성경"인 것을 언급하며 베드로후서 1:20-21에서는 "성경"이 "성령"의 역사를 통해 주어졌음을 말하고 있다. 요한은 요한계시록 1:1에서 『예수 그리스도**에 관한 계시라. 이는** 하나님**께서 반드시 속히 일어날 일들을 그의 종들에게 보이시려고 그에게 주신 것이요, 그의 천사를 그의 종 요한에게 보내어**

**알게 하신 것이니라.**』고 글의 제목을 부여했다.

또한 신약이 수세기를 거쳐오면서 하나님의 섭리로 보존되었을 것이라는 사실은 우리 주님의 말씀들 가운데 암시되어 있다. 예를 들어 마태복음 24:35에서 주님은 『**하늘과 땅은 없어져도 내 말들은 결코 없어지지 아니하리라.**』고 말씀하신 것을 볼 때 확실하다.

한편 성경 번역에 있어서 널리 인정된 한 원리는 번역 사업에 어느 정도 영향력과 업적을 가진 번역자의 신학적 관점이 고려되지 않고서는 성경을 번역할 수 없다는 것이다. 같은 원리가 헬라어 원문을 번역해 보려는 사람에게도 적용된다. 성경 말씀에 따르면 번역자들의 학식이 아무리 뛰어나다고 할지라도 위로부터 나지 않고 성령에 거하지 않는 사람은 신약 헬라어 원문을 열심히 들여다보거나 그것을 정확하게 번역한다 해도 신뢰받을 수 없다고 했다. 이 원리가 고린도전서 2:14에 언급되어 있다. 『**그러나 자연인은** 하나님**의** 영**의 일들을 받아들이지 아니하나니 이는 그 일들이 그 사람에게는 어리석게 여겨지기 때문이요, 또 알 수도 없나니 이는 그 일들이 영적으로만이 분별되기 때문이니라.**』

이와 같이 성경에 대한 성경적 관점과 대비하여 현재와 및 지난 백년간 많은 학자들은 신약이 다른 고문서와 마찬가지로 인간이 기록한 것이며 성경 원문은 후세의 사본 기록자들이 수정을 가했던 실수와 모순들을 담았다고 추측하고 있다. 이런 자연인의 관점을 가진 학자들 즉 거듭나지 못한 사람들은 원문비평에 있어서 나름대로 주관적인 원리들을 따랐으며 이 원리들로 원문들의 차이점을 평가하고 또 그들의 생각이 원문에 가까이 근접하도록 도달하는 데에 사용했던 것이다.

이들이 주로 인용하는 두 가지 원리가 있다. 첫째, 보다 완벽한 표현이

나 혹은 좀더 충실한 내용을 담은 원문들은 수정되었거나 첨가된 것으로 여기고 짧고 간결한 원문들은 더 오래된 것으로 본다는 것이다. 하지만 사본들의 증거나 이 원리를 뒷받침하지 않는다. 초기의 사본을 복사하는 사람들은 단어들을 첨가하기보다는 누락시켰을 것이라고 E.C. 콜웰(E.C. Colwell)이 그의 저서 〈Scribal Habits in Early Papyri : A Study in the Corruption of the Text〉에서 밝히고 있다.

둘째, 보다 읽기 어려운 것일수록 원문에 가장 가까운 것으로 판단한다는 것이다. 이 원리는 원문이 읽기에 간결하고 반면에 읽기 어려운 것은 기록자의 실수에 기인한다는 사실을 간과하고 있다. 이 두 가지 원리를 지지할 만한 증거는 거의 없다. 이처럼 성경에 대한 성경적 관점으로 소개된 원리들은 자연인의 관점과 선명한 대조를 이룬다.

뿐만 아니라 성경은 다른 고전들과는 판이하게 다르다. 성경은 하나님의 영감으로 기록되었기 때문이다. 영감은 어떤 시상 같은 것과는 다르다. 한글 개역성경에는 디모데후서 3:16이 "모든 성경은 하나님의 감동으로 된 것으로"라고 번역되어 있다. 그러나 헬라어로 "*세오프네우스토스*"는 감동으로 된 것이라는 피상적이고 소극적인 의미는 아니다. 하나님께서 직접 입김을 불어넣으신 상태를 뜻한다. 그렇기 때문에 성경의 원문 시비는 일반 고전들과는 그 양상이 크게 다르다. 이 문제에 관하여 한편에서는 성경을 하나님의 영감으로 기록된 것이라고 믿고 연구하는가 하면 다른 한편에서는 성경을 사람이 기록한 다른 고전들과 대등한 관점에서 평가하려고 한다. 그리하여 같은 하나님의 말씀을 한 사람은 하나님의 영감으로 기록된 것이라고 믿는가 하면 어떤 사람은 성경은 인간이 기록한 다른 고전들과 다를 바 없다고 보는 것이다. 이 후자들을 가리켜 자연주의 학파라고 하는데 그 대표적인 사람들이 티쉔돌프(Tischendorf), 트레겔레스(Tregelles), 라흐만(Lachmann), 웨스트코트(Westcott), 홀트(Hort) 등이다. 이들이 몇십 년 동안 연구해서 남겨놓은 결과들이 하나님의 진리를 반전시키는 데 기여하기는커녕 오히려 혼란과 불신을 조장하는 결과를 낳았던 것이다. 마치 바로 왕의 꿈에서처럼 여린 소가 살찐 소를 먹어 버린 격이 된 것이다.

## 5. 자연인은 하나님께서 기록하신 성경을 비평할 자격이 없다

『**그러나 기록된 바와 같으니** "하나님**께서 자기를 사랑하는 자들을 위하여 예비하신 것들은 눈으로 보지도 못하였고 귀로 듣지도 못하였으며 인간의 마음속에 들어온 적도 없었느니라.**" **한 것이라. 그러나** 하나님**께서 이것들을 우리에게 그의** 영**으로 나타내셨으니 이는** 성령**께서는 모든 것, 심지어** 하나님**의 깊은 것들까지도 통찰하시기 때문이라.**』(고전 2:9-10).

『**또한 우리가 그것들을 말하되 인간의 지혜가 가르치는 말로 하지 아니하고** 성령**께서 가르치시는 말로 하나니 영적인 일들을 영적으로 비교하여 말하느니라**』(고전 2:13).

『**그러나 자연인은** 하나님**의** 영**의 일들을 받아들이지 아니하나니 이는 그 일들이 그 사람에게는 어리석게 여겨지기 때문이요, 또 알 수도 없나니 이는 그 일들이 영적으로만이 분별되기 때문이니라**』(고전 2:14).

『**그들 마음의 완고함 때문에 그들 안에 있는 무지를 통하여** 하나님**의 생명에서 멀리 떨어졌고 그들의 명철은 어두워졌으며**』(엡 4:18).

뿐만 아니라 그들은 자신의 지식 가운데 하나님 두기를 싫어하나니 하나님께서는 버림받은 마음대로 내버려 두시었다.

**『그러나 만일 우리의 복음이 가려졌다면 그것은 구원받지 못한 자들에게 가려진 것이라. 그들 가운데 이 세상의 신이 믿지 않는 자들의 마음을 어둡게 하여** 하나님의 **형상이신** 그리스도의 **영광스러운 복음의 광채가 그들에게 비치지 못하게 하느니라』**(고후 4:3-4).

**『또 이사야의 예언이 그들에게 이루어졌으니, 말하기를 '너희가 듣기는 들어도 깨닫지 못할 것이요, 또 보기는 보아도 알지 못하리라. 이 백성의 마음이 무디어져서 그들의 귀는 듣는 데 둔하고 눈은 감았으니, 이는 그들이 어느 때라도 눈으로는 보지 못하고 귀로는 듣지 못하며 마음으로 깨닫지 못하고 회심하지도 못하게 되어 나로 그들을 치유하지 못하게 하려 함이라.'고 한 것이라』**(마 13:14-15).

**『그대로 두라. 그들은 소경이 되어 소경을 인도하는 자들이라. 소경이 소경을 인도하면, 둘 다 구덩이에 빠지리라』**(마 15:14).

## 6. 성경 변개의 역사

### 1) 오리겐 (Origen)

진정한 평화의 상태가 이룩되려 할 즈음에 자연인의 관점에서 성경을 변개시킨 싸움질하는 분당들이 A.D. 331년경 콘스탄틴의 철권 아래로 집결하였다. 이를 계기로 일단의 사람들은 자신들이 목적한 바를 성취했는데 그것은 곧 순수한 성경 말씀에다 논란 있는 개역성경들을 상당 부분 혼합시킴으로써 이룩되었다. 그 결과 기독교 신앙과 이교도 신앙 모두를 인정해 주는 격이 되었는데 이는 마치 오늘날의 에큐메니칼 운동과 같은 것이었다.

성경 변개에 가장 현저한 역할을 한 사람은 오리겐(Origen, A.D. 185-254)이다. 오리겐은 탁월한 신학자로 세상에 알려져 있으나 사실 그는 예수 그리스도의 구원 교리를 부인하고 그리스도의 도덕율만을 받아들이는 에비온 학파로서 그리스도인이 아니었다. 그것은 그의 가르침만 보아도 알 수 있다. 그는 로고스(Logos)를 크리스마(Krisma)로 가르쳤다. 즉 주 예수 그리스도가 하나님과 동등하지 않은 피조물이라는 것이며 따라서 하나님과 같은 영원한 존재성을 가지지 못했다는 것이다(Encyclopedia Britannica, Vol.16, pp. 900-1936 edition). 즉 예수 그리스도를 피조물의 한 사람이요 심지어 요셉의 아들로 단정한 사람이다. 요즘 같으면 여호와의 증인에 해당된다(눅 2:33, 행 8:37, 딤전 3:16 참조).

이처럼 오리겐이 성경을 변개시킨 부분은 모두가 그리스도의 신성과 관련된 부분이다. 그리스도가 하나님이신 것을 부정하고 요셉의 아들인 것처럼 바꿔 버렸다. 또한 오리겐은 일반 구원론을 믿었다. 구원은 누구든지 예수 그리스도께서 나의 죄를 위하여 십자가에 죽으셨다는 사실을 믿음으로써 받는 것이며 또 회개 없는 구원은 있을 수 없음에도 불구하고 오리겐은 자기 의지를 행사하지 않고 교회만 다니면 자동적으로 구원을 받는다고 생각한 사람이었다. 이로 인하여 수많은 영혼들이 교회는 다녔으나 구원받지는 못하였다.

그는 또한 유아세례를 믿었으며 성찬식을 통하여 죄가 용서된다고 믿었다. 그는 그리스도께서 우리의 대제사장인 것도 믿지 않았으며 육신적인 부활도 믿지 않았고 심지어는 그리스도의 재림도 믿지 않았다. 어떤 기록을 찾아봐도 단 한 사람도 그리스도 앞으로 인도한 적이 없고 그 자신의 구원 간증 역시 찾아볼 수 없다. 그런데 대부분의 학자들은 오리겐을 최초의 성경 비평학자로 또는 과학적인 성경 해석가로 인정하고 있는 것이 현실이다.

신학을 배우려는 사람은 당연히 먼저 신학을 정립시켜 놓은 사람들이 지식을 따를 수밖에 없다. 아직은 그 사람에게 독자적인 분별 능력이 없기 때문이다. 특히 어떤 학교에 입학하여 수학하다 보면 그 학교의 교리적 입장을 그대로 따를 수밖에 별 도리가 없으며 해당 교수의 가르침에 제한을 받게 되는 한계성에 다다르게 된다. 같은 맥락에서 오리겐은 지금까지 여러 신학교와 교수들에 의하여 위대한 신학자로 알려져 왔다. 그러나 실제로 오리겐이 그러한 인물이었는가 또 신학을 체계화시키는 데 기여하고 영향을 주었던 사람인가 아닌가를 조명해 보아야 할 필요가 있다. 적어도 오리겐으로부터 영향을 받은 사람은 어거스틴이었고 어거스틴에게서 영향을 받은 사람은 칼빈이었다. 여기에 열거한 세 인물 모두가 우리 나라 교계에서는 존경받는 신학자들이다. 과연 그들이 그만큼 존경받을 만한 인물들인가? 이번 기회를 통해서 먼저 대부격인 오리겐부터 살펴보기로 하자.

(1) 먼저 그는 아이를 낳지 않을 목적으로 스스로 거세하였다. 그가 거세한 것은 마태복음 19:12을 근거로 해서 실행한 것이다. 웨스트코트와 홀트도 이 구절을 최상의 전통으로 해석하였으며 가장 순수한 본문이라고 극찬했다. 또한 그들은 오리겐이 알렉산드리아 대도서관에 접근하였다는 문법적 뒷받침까지 곁들여서 말했다.

(2) 그는 마가복음 6:3에서 "목수"란 단어를 제거해 버렸다. 자기 판단

으로는 그 단어를 거기에 두는 것이 적절하지 않다고 생각했기 때문이다.

(3) 그는 마태복음 19:17-21에서 하나님의 계명 가운데 하나를 제거하였다. 그 계명이 첫 번째 자리에 있어서는 안 된다는 근거에서였다.

(4) 고대 희랍 철학자들의 호의(good will)를 지고의 선으로 생각했었다. 오리겐도 같은 관념에서 누가복음 2:14을 누가가 잘못 기록한 것으로 단정하고 "호의를 입은 사람들" 대신에 "호의의 사람들"로 기록하는 것이 옳다고 했다.

(5) 마태복음 19:16,17에서 그는 (유세비우스와 어거스틴도 마찬가지다) 예수님께서 "어찌하여 네가 나를 선하다고 하느냐?"라고 말씀하신 것을 인용할 때에 마태가 약간 혼란을 느낀 것이라고 짐작했다. 오리겐에 따르면 그 젊은 사람은 소크라테스의 이론이나 플라톤의 공화국 사상을 아주 싫어했으며 희랍의 불가지론자였다는 것이다. 또 그 젊은이가 예수님께 나왔던 것은 어떤 희랍 철학적 해답을 위한 것이었다고 한다. 그래서 예수님께서는 "어찌하여 네가 나에게 선에 관해서 묻느냐?"고 대답하셨던 것이라고 했다.

그러나 이 문제는 이미 B.C. 300년경에 있었던 일이다. 이것이 철학자들의 끊임없는 논쟁이 대주제였다는 것을 모르는 사람은 없을 것이다. 솔로몬도 B.C. 1000년경에 전도서 12:13,14에서 이미 이 문제에 답한 바 있다. 유대인 지도자는 희랍 철학자들이 태어나기 이전부터 철학자의 문제에 대해 답하고 있었다.

### 2) 유세비우스(Eusebius)

유세비우스(Eusebius, A.D. 260-340)는 카이사라의 유세비우스를 말한다. 그는 최초의 교회사 사가로 오리겐을 지지하고 그의 철학에 심취하였다. 콘스탄틴 대제는 즉위한 후 성경에 관심이 있어 50권의 복사본을 만들기로 작정하였다. 그리하여 그는 역사학자인 유세비우스에게 그 복사를 지시하였다. 콘스탄틴의 명을 받은 유세비우스가 성경을 복사하려고 원문을 선정할 때에 아무런 이의없이 오리겐의 헥사플라(Hexapla - 오리겐의 6란 성경)를 택했다.

오리겐의 6란 성경 중 제5란은 오리겐이 직접 쓴 70인경(LXX)으로 복사할 가치조차 없는 것이며, 구약의 한 부분으로 외경서를 포함시키고 있다. 외경서가 히브리 맛소라 원문(Hebrew Masoretic Text)보다 더 우수한 원문이라고 말한 사람은 이 세상에 몇몇 카톨릭 신학자 외에는 없다. 우리는 종종 신학교나 교회의 강단에서 70인경을 인용하면서 그 성경의 우수성을 입이 마르도록 칭찬하는 사람을 볼 수 있다. 그들은 70인경에는 이렇게 또는 저렇게 되어 있다고 하면서 미처 알지 못한 사람들을 위압해 왔다. 그렇다면 과연 70인경이 인용할 가치가 있는 것인가?

일반적으로 사람들은 70인경은 70인이 만들었기에 그렇게 명명되었으며 B.C. 250년경에 알렉산드리아에서 이스라엘의 12지파 가운데서 각각 6명씩을 선정하여 히브리 원문에서 헬라어로 옮겨진 구약성경으로 알고 있다. 그러나 그것은 거짓말이다. 먼저 이스라엘의 12지파에서 각각 6명씩을 선정했다면 72명인데 2명의 부재에 대해서는 아무런 설명이 없다. 둘째, 이스라엘의 12지파가 모두 알렉산드리아에 있었고 각 지파마다 성경을 헬라어로 번역할 만한 출중한 학자들이 균등하게 있었느냐는 점이다. 적어도 우리가 아는 지식으로는 레위 지파가 아니면 하나님의 말씀에 손을 댈 지파는 없다. 이러한 사실들은 우리가 속아왔다는 것을 말해 준다. 유식하지 못한 학자들이 자기들의 무지를 70인경(LXX)으로 가렸고 또 히브리어와 헬라어로 감추어왔던 것이다.

그렇게 해서 유세비우스가 복사한 50권의 성경이 이미 변질된 성경으로 탄생되었고 이것을 근거로 382년경에 제롬이 라틴 벌게이트(Latin Vulgate)를 번역하였다. 결국 성경 변질은 오리겐 - 유세비우스 - 제롬 등의 손을 거쳐오면서 이루어졌고 여기에 큰 역할을 한 사람이 콘스탄틴 대제였다. 로버트 엔더슨 경(Sir Robert Anderson)은 그의 저서 〈교회와 성경〉에서 "콘스탄틴은 기독교라는 양의 옷을 입은 이교의 늑대"라고 했다. 여기에서 한 가지 중요한 사실에 유의해야 한다. 그것은 유세비우스가 복사한 성경이 곧 시내 사본(Sinaiticus)과 바티칸 사본(Vaticanus)이라는 것이다. 그런데도 이 두 사본이 원문에 가깝다고 주장하는 사람들이 있다. 이 두 사본에서 영어 개역본(Revised Version)과 미국표준역본(American Standard Version)과 개역표준역본(Revised Standard Version)이 나왔고 이 두 사본에서 웨스트코트와 홀트(Westcott & Hort)의 헬라어 신약성경과 네슬-알란드(Nestle-Aland)판이 나왔으며 기존의 한글 성경들, 즉 개역성경, 새번역, 공동번역, 현대인의 성경, 표준신약 등이 나왔다. 이 두 사본이 다름아닌 콘스탄틴의 명에 의하여 유세비우스가 복사한 50권의 성경과 그 연대가 같다. 이 두 사본의 옹호론자들은 이 사본이 4세기 때의 것이라고 자랑하지만 오래되었다고 해서 원문에 가깝다는 근거는 전혀 없다. 바티칸 사본은 히브리서 9:14 이후가 떨어져 나가고 없으며 시내 사본도 여러 부분이 훼손되고 없다는 사실을 아는 학자는 별로 많지 않다(Peter S. Ruckman, *The Christian's Handbook of Manuscript Evidence* ; 피터 S. 럭크만, 필사본 증거, 말씀보존학회, 근간에서 자세히 설명하겠다). 4세기 때의 사본으로 자랑하는 사람들은 예수 그리스도의 신성을 격하시킨 삭제된 성경을 자랑하는 격이다.

바티칸 사본이 처음 발견된 것은 1481년 바티칸 도서관에서였다. 권위 있는 기록들에 의하면 그 연대를 A.D. 325-350년으로 보고 있다. 시내 사본이 발견된 것은 1844년 시내산 성 캐더린 수도원에서 티쉔돌프(Tischendorf)에 의해서였다. 이 사본이 기록된 연대 역시 350년경으로 보고 있다. 이 두 사본은 서로 대부분 일치하고 있다.

제롬이 라틴 벌게이트를 기록한 것이 A.D. 382년이고 위에 언급한 두 사본의 연대가 약 350년이고 보면 벌게이트가 이 두 사본에서 나왔다는 것은 상호 일치한다는 사실만으로도 그 근거가 있다고 볼 수 있는 것이다. 1611년 〈킹제임스성경〉이 나올 무렵 제롬의 라틴 벌게이트는 많이 있었다. 벌게이트가 흔했다면 바티칸 사본이나 시내 사본이 구하기 어려웠다는 사실을 뒷받침하는 것도 설득력이 약하다. 만일 〈킹제임스성경〉 번역자들이 그 오래된 두 사본이 정경으로서 가치가 있었다면 사용하지 않았을 까닭이 없다. 100년경부터 북부 이태리에는 신앙심이 깊은 성도들이 생활하였고 특히 이들이 말씀 보존에 적극적이고 철저했다는 것은 성경의 역사가 증명해 준다. A.D. 155년경 당시에도 이 지역에서 전통원문을 사용했다고 알려져 있다. 4세기 때 이곳 출신의 위대한 학자인 헬비디우스(Helvidius)는 제롬이 변질된 헬라어 필사본을 사용했었다고 맹렬히 비난했다(Post Niceane Fathers, vol.6, p.338)는 이 사실을 우리는 기억해야 할 것이다.

### 3) 아리안파(Arianism)

아리안파는 아리안 논쟁(The Arian Controversy)으로 우리에게 잘 알려져 있다. 이들은 에비온파와 더불어 예수 그리스도를 피조물로 보았다. A.D. 325년에 콘스탄틴이 주재했던 니케아 공회(The Council of Nicea)에서 이 문제는 중대한 논제가 되었고 콘스탄틴 자신이 이들을 불성실한 사람들로 인정하여 끝내는 유배를 보내게 되었다. 그런데 2년 후에 상황이 달라졌다. 콘스탄틴이 그들을 다시 불러들였고 그들을 우대하여 종교 국가의 중요 요직에 앉힘으로써 심각한 문제가 야기되었다. 그들의 단죄는 예수 그리스도를 하나님의 피조물이라고 하는 그리스도의 신성 격하에서 기인되었는데 이제 그들의 주장이 정당화된 셈이 되었다. 그때부터 기독교계는 그리스도를 피조물이라고 믿는 사람들이 그리스도를 하나님이라고 믿는 사람들을 박해하기 시작하였으며 그 박해는 무려 3세기 동안이나 계속되었다. 이는 실로 교회사의 비참한 기록이 아닐 수 없다.

주 예수 그리스도의 신성에 관한 가장 신실한 간증 가운데 하나는 사도행전 8:37인데, 현재 대부분의 성경들과 의역성경들은 이 구절을 삭제시켜 버렸다. 이 말씀은 에디오피아의 정부 재정관에게 빌립이 복음을 전한 후의 일로서 그 재정관이 마침 물을 보고 침례받기를 원했다. 그때 빌립이 대답하기를 “만일 당신이 마음을 다하여 믿으면 합당하니라”고 하자 그가 신앙 간증을 하기를 “나는 예수 그리스도가 하나님의 아들인 것을 믿나이다”라고 했다. 그런데 이 구절을 삭제시킨 것이다. 이 구절은 2세기에 이레내우스(Irenaeus)와 3세기에 시프리안(Cyprian)이 다 인용한 구절이다. 이 사실은 또 바티칸 사본이나 시내 사본이 존재하기 이전부터 희랍 교회나 라틴 교회의 필사본들 안에 이 구절이 있었다는 것을 증명하는 것이다.

그리스도의 신성을 격하시킨 아리안주의의 증후는 오늘날에도 변함없이 여러 가지 형태로 교회가 애용하고 있는 성경들에서 나타나고 있다. 미국표준역본(American Standard Version, 1901, 기존의 한글 성경들이 참조본으로 사용한 성경)의 요한복음 9:35에는 날 때부터 소경 된 사람에게 예수님께서 묻기를 "너는 하나님의 아들을 믿느냐"고 하셨을 때 그가 대답하기를 "주여 내가 믿나이다"(요 9:38) 하고 주께 경배하더라고 기록되어 있다. 거기까지는 아무런 이상이 없다. 그런데 그 성경의 각주(foot note)에 보면 "그들은 그리스도의 신성을 믿지 않았고 단순히 주 예수를 하나님의 피조물로 불렀다"라고 되어 있다. 그리고 그 성경의 번역자들은 이것이 평범한 사실을 밝힌 것이라고 덧붙여 말했다. 거듭나지 않고 마음의 할례도 받지 않은 사람들이 헬라어를 공부한 학자임을 내세우며 또 그럴싸한 대학에서 학위를 받았다는 어설픈 자격으로 하나님의 말씀을 변개시킴으로 해서 수많은 사람들을 독소로 오염시킨 증거이다. 그런데도 이 성경을 가리켜 '번역이 가장 잘된 성경'이라고 하는 것이 소위 명성 있는 목사들의 소견과 찬사이다. 그들이 구세주로 믿고 있는 창조주 하나님의 신성을 격하시킨 그 성경을 좋은 성경이라고 하는 사람들의 믿음은 도대체 어떤 믿음인가? 대단히 의심스럽다. 그들은 요셉을 주 예수 그리스도의 아버지라고 했던 에비온파나 예수 그리스도를 하나님의 피조물로 믿는 사람들과 근본적으로 무엇이 다르겠는가?

#### 4) 트렌트 공회 (The Council of Trent)

1546년 트랜트 공회는 오랜 시간 동안 회의를 거친 후에 한 법령을 선포하게 되었는데 그것은 전체 구약성경을 외경서를 포함해서 기록되지 않은 전통과 더불어 하나님의 말씀으로 인정해 주고 존중해 준다는 것이었다. 그뿐 아니라 만일 누구든지 그렇게 인정하지 않을 경우에는 파문을 시킨다는 법령 한 가지를 더 추가했다. 또한 제롬의 라틴 벌게이트를 공식 성경으로 선포했다. 그러나 구라틴 역본을 개정한 제롬의 역본은 1881년 웨스트코트와 홀트가 〈킹제임스성경〉을 개정한 것과 흡사하다는 것을 역사가 증명하고 있다. 그들은 둘 다 표준원문으로부터 거리가 먼 개정을 했던 것이다. 영어 개역본(RV)은 실제로 〈킹제임스성경〉을 개정한 것이 아니었다. 그저 웨스트코트와 홀트가 만든 헬라어 성경을 토대로 하였고 그 헬라어 성경은 시내 사본과 바티칸 사본을 근거로 해서 만든 것이었다.

### 5) 영어 개역본을 낸 번역위원회

1870년 영국 교회의 성경학자들은 영국의 성경 독자들에게 성경 원어에 더 가까이 접근시키기 위해서 무엇인가를 해야 된다고 결의하고 동년 2월에 영국 국교의 남부 켄터베리 총회의 윌버퍼 감독(Wilberfore)이 북부 총회에서 지명한 위원회와도 협의하기로 주선하고 〈킹제임스성경〉의 개정의 필요성을 개진하였다. 그러한 개정본은 난외주가 필요하였다. 난외주가 없이는 그 번역본의 근거인 히브리 원문이나 헬라어 원문을 불문하고 모든 구절에서 평범하고도 분명한 오류가 발견되기 때문이었다. 그러나 북부 총회에서는 제안된 성경 개정 작업에 참여하기를 거부하였다. 그들이 발표한 성명에 의하면 그들은 번역상이 어떤 하자를 교정하는 것은 찬성하지만 원문을 변개시키는 것은 반대한다는 것이었다. 그들은 원래의 히브리어나 히랍어로 된 원문을 변개시키는 것은 찬성하지 않았던 것이다. 따라서 그들은 헬라어 표준원문(Textus Receptus)을 승인했던 것이다.

1870년 5월 3일 남부 켄터베리 총회에서는 성경 개정 작업에 관한 계획을 계속 진행하고 있었다. 그들이 결의한 5가지 결의안 가운데 하나는 "우리는 가장 저명한 학자들의 판단을 무시하고서는 성경의 어떤 새로운 번역이나 언어의 변경도 고려하지 않는다."(*English Revised Version*, Introduction, pp.9-10)라는 것이었다. "작업의 제일 원칙은 공인된 역본(〈킹제임스성경〉을 말함)의 본문에 가능하면 최소한의 변경으로 신뢰성을 가지고 확인적으로 소개하는 데 있다. 네 번째 원칙은 채택된 사본의 증거가 결정적으로 우위이고 채택된 원문이 〈킹제임스성경〉과 차이가 있을 경우에는 변경된 부분을 난외주에다 표시한다"(Westcott, *History of English Bible*, pp.321,325)는 등의 것이었다. 이상 개역본 위원회가 발표한 계획을 보면 별로 나쁜 것 같지가 않다.

그러나 영어 개역본 위원회가 발표한 적합하고 정선된 계획은 곧 두 인물의 표리부동한 동기로 인하여 번복되어 버렸다. 그들이 다름아닌 웨스트코트(Westcott)와 홀트(Hort)인데 그들은 원문비평의 근대적 과정을 통해서 모든 성경 필사본들을 네 분야로 분리하였다. 이 네 구분 가운데 가장 적은 필사본 부분을 소위 "중립계열 사본"(Neutral Family)이라고 명명한 후에 자기들이 편수한 새로운 헬라어 신약성경에 근거를 둔 가장 구체적인 증거로 그것을 선정하고 1881년에 세상에 공개하였다. 이 음모의 초점은 바티칸 도서관에 보관되어 왔던 바티칸 사본(Vaticanus ; B)에 맞춰진다. 케년(Dr. Kenyon)은 말하기를 "이 중립 사본은 바티칸 사본임이 분명하다"(*Recent Discoveries*, p.10)고 했다. 또 "홀트는 이 바티칸 사본을 '권위의 보좌'(The Chair of Authority)라고 호평하였다" (*Recent Developments*, p.71)라고 밝혔다.

이와 같은 '중립계열 사본'을 선호하여 1881년에 개역본을 만든 사람들은 캠브리지의 두 편수자인 웨스트코트와 홀트의 안내를 따랐는데 그들은 항상 개역본을 만드는 사람들의 기준이었으며 개역자들은 헬라어 표준원문에서 아주 멀리 이탈해 버린 급진적 헬라어 신약성경 즉 웨스트코트와 홀트의 신약성경을 편수한 것이다. 이 바티칸 사본에 대한 홀트의 편견은 절대적이었다. 그가 말하기를 "나는 바티칸 사본을 사랑하고 표준원문은 싫어한다."고 했다. 시내 사본은 바티칸 사본과 같은 계열이기 때문에 바티칸 사본에서 떨어져 나가고 없는 부분들은 시내 사본에 있는 것으로 메웠다. 홀트와 웨스트코트는 이 두 사본에 일치를 보는 문선을 사도들의 것으로 받아들였다(*Hort's Introduction*, pp.225,251). 그들이 선호한 사본은 다름아닌 바티칸 사본이었다.

그들이 실패한 원인은 라흐만(Lachmann)이나 트레겔레스(Tregelles)처럼 바티칸 사본에 대한 과대 평가에 있다. 반면에 티쉔돌프(Tischendorf)는 시내 사본에 너무나 많은 비중을 두었다. 이 두 사본을 원문에 가깝다고 보는 사람들은 그 사본의 내용이 어떻게 생겼는지도 모르면서 들은 풍월로 주장하는 듯한 인상을 준다.

바티칸 사본(Vaticanus)에 삭제된 부분은 다음과 같다.

창세기 1:1-46:28, 시편 106-138, 마태복음 16:2,3, 로마서 16:24, 디모데전서, 디모데후서, 디도서, 요한계시록, 히브리서 9:14 이후

시내 사본(Sinaiticus)에 삭제된 부분은 다음과 같다.

마태복음 16:2,3, 마가복음 16:9-20, 요한복음 5:4; 8:1-11, 사도행전

8:37, 로마서 16:24, 요한일서 5:7

이외에도 외경서, 허마의 목자(The Shepherd of Hermas)와 바나바의 서신(The Epistle of Barnabas)이 포함되어 있다.

엘리코트(Dr. Ellicott)가 1881년 남부 총회에 영어 개역본을 제출하면서 천명한 바로는 매 5구절마다 8-9개 단어를 변경시켰으며 약 10구절 중에 3구절은 비평이 목적이었다고 실토했었다. 이 비평의 목적을 분석하면 바티칸 사본 단독으로나 아니면 시내 사본과 일치시켜 보더라도 영어 개역본에서의 가장 뚜렷한 현상들이 전적으로 이들 두 사본에 그 책임이 있다는 것이다(Cook, *Revised Version*; pp.227,231).

### 6) 새로운 헬라어 신약성경은 비밀리에 소개되었다

영어 개역본이 출현한 것은 1881-1885년이었는데 겉과 속이 다르게 계획된 철저한 음모의 산물이었다. 웨스트코트 자신이 설명하기를 "개역본의 가치는 학생들이 상당한 분량의 성경 구절을 함께 모아서 고려할 때 아주 현저하게 나타나게 되는데 어떤 신앙의 신조와 관계가 있다. 세부적인 것들을 축적시키면 완전한 효과를 내게 된다."(Streeter, *The Gospels*, 1930, p.30)고 했다. 이 말은 곧 하나님의 말씀 중에서 어떤 것은 하찮은 것으로 간주할 수 있다는 말이다. 모든 말씀은 조심스럽게 분석해 보아야 한다. 그렇지 않고 대부분의 사람들이 사소하다고 생각하는 것을 당연한 것으로 덮어두면 그 결과는 선한 것이 아니라 악한 것일 뿐만 아니라 철저한 음모 속에 쌓여져 버리고 마는 것이다.

웨스트코트와 홀트가 20년에 걸쳐 일하였던 새로운 헬라어 신약성경은 부분적으로 비밀리에 개역 위원회의 손으로 넘겨졌다. 그들의 헬라어 원문은 아주 급진적이요 혁명적이었다. 그들의 헬라어 성경은 아주 제한적으로 선정한 필사본에서 두 사람이 합작한 산물이었다.

스크리브너(Dr. Scrivener)에 의하면 신약성경을 전체로나 부분적으로 담고 있는 초서체 소문자(Minescule)나 인쇄체 대문자(Uncial)로 기록된 필사본은 2,864가지나 된다. 이 필사본의 85-90%가 표준원문과 일치한다. 이 점은 반대자들까지도 인정하는 사실이다. 그런데도 웨스트코트와 홀트는 이러한 모든 증거를 무시한 채 바티칸 사본과 시내 사본을 권위의 보좌로 격상시켰다. 웨스트코트와 홀트의 헬라어 신약성경을 〈킹제임스성경〉의 근간이 된 헬라어 표준원문(T.R.)과 비교해 보면 그들의 헬라어 성경이 5,337군데나 변개됐음을 알 수 있다.

### 7) 웨스트코트와 홀트의 신앙자세

이 편지는 1847년 웨스트코트가 프랑스에서 그의 약혼녀에게 보낸 내용의 일부이다. "우리가 그 수도원을 떠난 후 건너편 언덕 위에 있는 조그마한 기도원을 발견하고 그곳으로 향했더니... 다행히 그 기도원은 문이 열려 있었소. 아주 작은 곳이라 한 사람이 무릎을 꿇고 기도할 수 있는 곳이 있었는데 벽에는 피에타(Pieta, 동정녀 마리아와 죽은 예수의 그림)가 걸려 있었소... 나는 그곳에서 혼자서 여러 시간 동안 무릎을 꿇고 있었소"(*Life of Westcott*, vol.1,p,51).

이 편지는 1865년 10월 17일 홀트가 웨스트코트에게 보낸 내용의 일부이다.

"내가 수년 동안 인정해 온 것은 마리아를 경배하는 것이나 예수를 경배하는 것이나 그 동기와 결과에 있어서 극히 마찬가지라는 사실이었소."

이러한 사람들이 할례받지 않은 마음으로 하나님의 거룩한 말씀을 변개시켜 자기들의 성경을 만들어냄으로써 성경의 권위에 도전한 것은 분명히 하나님을 모독한 행위이다. 110년이 지난 지금 그들이 해 놓은 일을 결산해 볼 때 과연 그들이 하나님의 나라를 확장하는 데 무엇을 기여했는가? 혼란과 이설을 조장했을 뿐 아무것도 기여한 것이 없다. 진리가 배제된 학문만을 연구할 때 그것이 어떤 종류의 학문일 수는 있으나 결코 진리가 내포된 것은 아니다. 성경은 진리이고 학문은 그저 학문이다. 그 학문이 아무리 그럴듯해도 성경의 진리 위에 군림하도록 허용할 수는 없다. 진리가 배제된 신학, 예수 그리스도의 신성이 무시된 신학, 변개된 성경으로 정립시켜 놓은 신학은 학문이지 결코 진리가 아니다.

일반적으로 역본(Version)이란 최초의 원문 즉 히브리어(구약)와 헬라어(신약)에서 다른 언어로 번역된 것을 말하고, 번역본(Translation)은 이미 번역된 언어로부터 또 다른 언어로 번역했을 때 그것을 가리켜 번역본이라고 한다. 표준원문(Textus Receptus)은 물론 역본이 아니고 전통원문 계열의 헬라어 필사본들을 편수한 것이다. 성경의 경우에 있어서 번역본만이 개정을 필요로 한다. 만일 1881년의 개역자들이 이 원칙을 따랐더라면 모든 것은 특별한 이상이 없었을 것이다. 그들은 개역본(Revised Version)을 내놓은 대신에 상이한 기조 위에서 이룩된 상이한 성경을 내놓았던 것이다. 그것이 웨스트코트와 홀트의 헬라어 성경인데 그 성경은 표준원문을 무려 5,337군데나 변경시켜 버렸던 것이다. 이러한 엄청난 범법 행위는 양심의 가책도 없이 인간적 견해와 속성 위에서 단순히 학자라는 권위의식을 가지고 자행되었던 것이다. 그들이 변개시킨 것을 "성령의 영감으로 기록된"(벧후 1:21) 사도들의 성경이라고 말할 수 있겠는가? 신약성경에서만 5,337군데가 삭제된 성경을 원문에 가깝다고 추종하는 사람들은 그 누구인가? 1881년의 개역본(RV)은 물론 미국표준역본(ASV, 1901) 개역표준역본(RSV, 1946), 그 외 어떤 성경도 〈킹제임스성경〉을 개정한 것은 아니다. 만일 그들이 〈킹제임스성경〉을 개정했더라면 당연히 그것이 번역되어 나온 표준원문을 따랐을 것이기 때문이다.

결론적으로 우리는 논란의 여지가 없는 사실을 분석해 보아야 한다. 1611년 이후 모든 원문비평은 대체로 웨스트코트와 홀트의 헬라어 성경에 일치하고 있으나 그들이 정한 원문 기조의 원칙이 잘못된 근거에 기초하였다는 사실이 판명되었다. 그렇다면 우리는 이제 피할 수 없는 한 결론에 도달하게 된다. 그것은 이들이 자행한 성경 번역의 전체 체계가 틀렸다는 것이다. 따라서 1611년 이후 나온 모든 헬라어 성경 중에서 웨스트코트와 홀트의 헬라어 성경에 일치하는 성경은 증명할 수 없는 가정의 모래 위에다 그 기초를 세운 것이나 마찬가지라는 점이다. 즉웨스트코트와 홀트의 성경이 변질된 이상 그들과 일치한 네슬-알란드 성경을 위시하여 다른 모든 성경들 역시 변질되었다는 것이다. (이에 대한 구체적인 증거는 4장에서 설명하겠다.)

## 7. <킹제임스성경>은 믿음을 지닌 학자들에 의해서 지켜져왔다.

1881년 이래 웨스트코트와 홀트의 소위 '중립 사본'(Neutral Text)과 '표준원문'(Textus Receptus) 사이에는 커다란 논란이 있어왔다. 딘 존 버간(Dean John Burgon)은 웨스트코트와 홀트와 같은 시대의 사람으로 신실한 원문비평학자요 필사본 대조자였다. 그가 기록한 여러 가지 책이 있으나, 그 중에서 유명한 것은 영어 개역본을 철저히 분석해서 쓴 〈The Revision Revised〉라는 524페이지에 달하는 귀한 문헌으로, 1883년에 기록한 것이다(말씀보존학회에서 원문 복사본을 판매 중). 버간(Burgon)은 신약 원문비평학을 체계화시킨 학자였으며 그의 노력이 없었다면 오늘날 원문에 관하 시비는 더욱 거세져서 아마도 오류가 진리를 압도했을지도 모른다. 유감스럽게도 우리 나라는 버간의 책이 한 권도 없는 상태에서 원문비평학이 논의되고 있다. 그 외에도 에드워드 밀러(Edward Miller), 스크리브너(Dr. Scrivener)와 그 외에 많은 학자들은 서로 일치하는 엄청난 필사본 숫자 때문에 표준원문(Textus Receptus)을 지지하고 있다.

이들의 견해는 바티칸 사본이나 시내 사본이나 또 그와 유사한 알렉산드리아 계열 사본들이 얼마 남지 않은 것으 사본 자체가 지니고 있는 변질 때문이라는 것이다. 한 본의 필사본을 만든다는 것은 그렇게 용이한 일이 아니다. 틀린 원문인 줄 알면서 우직하게 그것을 복사할 사람은 드물 것이다. 딘 버간에 의하면 바티칸 사본이 교황청 도서관에서 발견되었던 것은 그 사본의 무가치함 때문이었다고 한다. 그 사본은 누구에게도 관심이나 흥미를 줄 만큼 가치있는 것이 아니었기에 아무도 손을 대지 않았고 그래서 그대로 선반 위에 얹혀 있었다고 한다. 시내 사본은 어떠했는가? 시내 사본은 시내산 성 캐더린 수도원에서 수도사가 불을 때는 연료로 쓰려고 쓰레기통에 담아 놓았던 것이었다. 그곳 수도사들은 사본의 가치도 모르는 멍청한 수도사 집단이었겠는가? 그런데도 어떻게 1481년에 발견된 바티칸 사본이 원문에 가장 가깝다고 주장할 수 있겠는가?

만일 그들의 주장대로 그 두 사본이 원문에 가깝다면 이들 두 사본이 발견되기 이전까지 기독교계에 온전한 하나님의 말씀이 없이 1400여 년 동안을 지내왔다는 것인데 그 말에 수긍할 사람이 과연 몇 사람이나 될지 의심스럽다.

1914년에 호스키어(Hoskier)가 기록하기를 "버간(Burgon)의 입장은 절대로 요지부동이다. 그는 시내 사본(Sinaiticus ; Aleph)과 바티칸 사본(Vaticanus ; B)은 변질된 필사본이라고 지적했고 그의 저서 〈원문 변개의 원인, *The Causes of the Textual Corruptions*〉에서 그것을 증명해 주었다(말씀보존학회에서 원문 복사본으로 판매 중). 그가 살아왔던 때부터 발견된 자료는 그의 입장에 아무런 변화도 주지 않았다"(Hoskier, *Codex B and it's allies*, Vol.1, p.415)라고 쓰고 있다. 스크리브너 박사도 말하기를 "그러므로 홀트의 학문 체계는 역사적 기반이 아주 빈약한 것이다. 그의 중립 사본은 결국 중립적인 것이 아니다"(Dr. Scrivener, *Introduction to N.T.*, Vol.2)라고 했다.

웨스트코트와 홀트에 앞서 있었던 다른 사람들 즉 그리스바흐(Griesbach), 라흐만(Lachmann), 티쉔돌프(Tischendorf), 트레겔레스(Tregelles), 워드워즈(Wordworth)와 알포드(Alford) 등은 분명히 변개된 사본에 속았거나 아니면 자신들의 입지를 위하여 마치 한 통로를 따라가듯 자발적으로 서로 동조하였으며 웨스트코트와 홀트도 이들에게 동조하였다.

웨스트코트와 홀트의 사본은 그리스바흐(1774) 사본과 마찬가지로 실제로 로마카톨릭의 바티칸 사본이다. 교황청 내의 카톨릭 복사자들 외에 바티칸 사본에 손대었던 성경학자는 아직 아무도 없었다. 〈킹제임스성경〉

과 〈한글킹제임스성경〉의 근거가 된 표준원문과 영어 개역본(RV), 개역표준역본(RSV), 미국표준역본(ASV) 등의 근거가 된 바티칸 사본을 비교하면 바티칸 사본이 무려 5,788곳이나 변개시킨 것을 알 수 있다. 미국표준역본(ASV)이 동정녀 탄생, 육신적 부활, 그리스도의 신성, 예수 그리스도의 권위 등과 관련해서 적어도 40여 군데를 삭제시켰음을 다음의 예에서 알 수 있다.

마태복음 19:19; 20:22; 23:14; 28:17

마가복음 6:11; 9:24; 13:14; 10:21; 11:26

누가복음 2:33; 4:4; 4:8; 4:41; 23:38

요한복음 1:14; 1:27; 3:15; 4:42; 9:35

사도행전 1:3; 8:37

샤프(Phillip Shaff, 1819-1893)는 미국표준역본(ASV)의 개정위원이었는데 그가 실토하기를 자신은 축자 영감을 믿지만 개정위원들이 성경 번역에 임하는 자세에 있어서 그들은 아주 상이함을 보여 주었다고 했다.

만일 어떤 사람이 앞에 열거한 사람들의 신앙 간증을 유의해서 철저하게 검토해 본다면 왜 그들의 헬라어 신약성경이 서로 일치하는가를 분명히 알게 될 것이다. 이들 모두는 원문비평에 있어서 똑같이 흙탕물 속으로 빠져 버렸고 그 흙탕물은 〈킹제임스성경〉과 〈한글킹제임스성경〉의 기초가 된 우수한 표준원문의 순수성을 오염시켰으며 또한 오염시키고 있다.

**"또 누구든지 이 예언의 책의 말씀들에서 삭제하면 하나님께서 생명의 책과 거룩한 도성과 이 책에 기록된 것들에서 그의 부분을 제하여 버리시리라"** (계 22:19)

## 제 3 장

# 현대 성경에 나타난 놀라운 사실들

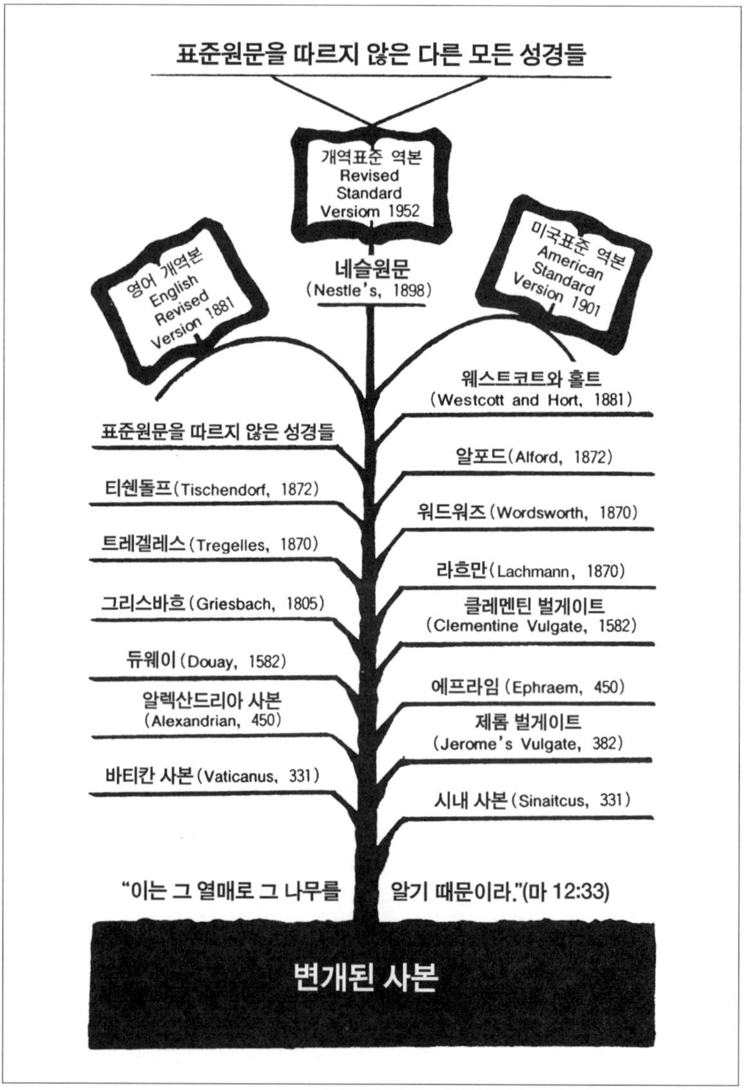

표준원문을 따르지 않은 다른 모든 성경들
개역표준 역본 Revised Standard Versiom 1952
영어 개역본 English Revised Version 1881
미국표준 역본 American Standard Version 1901
네슬원문 (Nestle's, 1898)
웨스트코트와 홀트 (Westcott and Hort, 1881)
표준원문을 따르지 않은 성경들
알포드(Alford, 1872)
티쉔돌프(Tischendorf, 1872)
워드워즈(Wordsworth, 1870)
트레겔레스(Tregelles, 1870)
라흐만(Lachmann, 1870)
그리스바흐(Griesbach, 1805)
클레멘틴 벌게이트 (Clementine Vulgate, 1582)
듀웨이(Douay, 1582)
에프라임 (Ephraem, 450)
알렉산드리아 사본 (Alexandrian, 450)
제롬 벌게이트 (Jerome's Vulgate, 382)
바티칸 사본(Vaticanus, 331)
시내 사본(Sinaitcus, 331)
"이는 그 열매로 그 나무를 알기 때문이라."(마 12:33)
변개된 사본

# 제 3 장
# 현대 성경에 나타난 놀라운 사실들

## 1. 변개된 성경으로 발생한 혼란

여러 측면에서 볼 때 영어 개역본(RV)은 이질 교리로 이루어졌기에 어떤 곳에서는 주 예수 그리스도를 '하나님의 거룩한 아들'로 또 어떤 곳에서는 '육신의 아버지를 둔 한 피조물'로만 불리기도 한다. 이처럼 혼란스러운 양상은 결코 새로운 것이 아니다. 이는 1세기에 살았던 세계 제일의 신학자(?)로 알려진 오리겐의 가르침을 잘 반영해 주고 있기 때문이다. 허스트(John F. Hurst)가 말하기를 "그리스도의 신성과 종속성 이 두 가지를 주장하는 오리겐의 비획일성은 활기찬 토론의 계기였다. 그리고 아타나시우스(Athanasius)와 아리우스(Arius) 모두가 오리겐의 우물에서 똑같은 물맛을 길러 낼 수 있었던 것도 전혀 이상할 것이 없다."고 했다.

이것이 오리겐이 정통과 이단 두 파당을 한 책으로 묶어서 그 차이에

다리를 놓으려고 시도하는 방법인 것이다. 따라서 자세히 살펴보면 개역표준역본(RSV)의 어떤 부분은 그리스도의 신성을 분명하게 부인하고 있고 어떤 부분은 그리스도의 신성을 인정하고 있음을 알 수 있다. 같은 책에서 동일 대상에 대하여 어떤 곳에서는 흰 것으로 어떤 곳에서는 검은 것으로 표현했다면 그것을 읽는 독자는 얼마나 혼란스럽겠는가? 한 쪽을 지지하든지 부인하든지 간에 우리에게 남는 것이란 혼란뿐이다.

## 2. 신약성경들의 비교

신약성경들의 대조표를 보면 독자 여러분들은 곧 놀라게 될 것이다. 45가지 성경 중에서 200개의 중요한 구절을 발췌해서 비교한 것이며 이들 외국 성경들의 경향을 살펴본 후에 우리 나라의 기존 성경들을 〈한글 킹제임스성경〉과 비교시켜 보면 우리는 전체적인 성경 변개의 상황과 한글 성경의 실상도 아울러 볼 수 있어서 이 점을 이해하는 데 도움이 되리라고 믿는다. 또한 이러한 비교를 통해서 소위 근대주의적 학자로 자처하는 원문비평학자들의 주장과 학설이 얼마나 신빙성이 있었는가를 타진하는 계기가 되리라고 생각한다.

앞에서도 누누이 설명한 것처럼 바티칸 사본이나 시내 사본에서 웨스트코트와 홀트의 신약성경이 편수되어 나왔으며 거기에서 번역된 영어성경은 개역본(RV), 개역표준역본(RSV), 미국표준역본(ASV) 등인데 이들 모두가 하나같이 〈킹제임스성경〉을 대항하여 나온 것이다. 이들을 가리켜 카톨릭 성경이라고 한다. 왜냐하면 카톨릭 필사본인 바티칸 사본에서 번역했기 때문이다. 〈킹제임스성경〉을 제외한 기타 성경들이 출판된 것을 하나님의 말씀 보존과는 거리가 멀다. 만일 그들이 하나님의 말씀을 올바로 보존할 목적으로 이 성경들을 펴냈다면 뭔가 개선할 점을 들고 나왔어야 했다. 원문비평학적 견지에서 이들이 만들어낸 성경을 〈킹제임스성경〉과 비교하면 삭제, 오역, 왜곡, 첨가 등등으로 오히려 하나님의 말씀을 훼손시켰을 뿐 아무런 도움을 가져오지 못했다. 이들 성경들이 나온 것은 개인의 명성과 돈벌이에 기인되었다는 결론이다. 기존의 한글 성경들은 한결같이 웨스트코트와 홀트의 형제격인 네슬-알란드 25판에서 번역했다고 주장하며 참조 성경은 카톨릭 성경인 미국표준역본(ASV)이나 새미국표준역본(NASV)을 사용해 왔다.

한국 교계의 절대 다수가 개역성경(개신교)과 공동번역(천주교)을 사용하고 있는 지금의 현실에서 올바른 성경(변개되지 않은 성경)의 선택은 필연적이며, 이러한 사실을 설득시키고 올바른 성경을 보급하는 것은 기독교계의 커다란 과제라 아니할 수 없다.

## 3. 200구절을 선정하여 비교해 본 45가지 성경(신약성경)

| | |
|---|---|
| 1. Revised Standard Version(RSV) | 200개 중 189개 틀림 |
| 2. Nestle's Greek Text (한글 기존 성경들의 원문) | 200개 중 185개 틀림 |
| 3. Goodspeed's New testament | 200개 중 179개 틀림 |
| 4. Westcott & Hort's Greek | 200개 중 175개 틀림 |
| 5. Tischendorf's New Testament | 200개 중 197개 틀림 |
| 6. New English Bible (NEB) | 200개 중 197개 틀림 |

7. William's New Testament 200개 중 180개 틀림
8. Berkeley Version N.T. 200개 중 185개 틀림
9. New American Standard Version(NASV) 200개 중 183개 틀림
10. New International Version (NIV) 200개 중 195개 틀림
11. Riverside New Testament 200개 중 183개 틀림
12. New World Translation 200개 중 180개 틀림
13. Good News For Modern Man 200개 중 182개 틀림
14. Moffett's New Testament 200개 중 175개 틀림
15. Von Soden's New Testament 200개 중 174개 틀림
16. Wuest's Expanded N.T. 200개 둥 170개 틀림
17. Twentieth Century N.T. 200개 중 170개 틀림
18. Tregelles' Greek N.T. 200개 중 168개 틀림
19. Weymouth's New Testament 200개 중 184개 틀림
20. Panin's Numeric N.T. 200개 중 164개 틀림
21. Movlton's New Testament 200개 중 174개 틀림
22. Amplified New Testament 200개 중 165개 틀림
23. Alford's Greek N.T. 200개 중 161개 틀림
24. Revised Version of 1881 (RV) 200개 중 162개 틀림
25. American Standard Version(ASV) 200개 중 162개 틀림
26. Godbey's New Testament 200개 중 159개 틀림
27. Parallel Column N.T. 200개 중 158개 틀림
28. Diaglot New Testament 200개 중 151개 틀림
29. Montgomery's N.T. 200개 중 150개 틀림

| | |
|---|---|
| 30. Lachmann's N.T. | 200개 중 150개 틀림 |
| 31. Phillip's New Testament | 200개 중 142개 틀림 |
| 32. Living Bible N.T. Paraphrased | 200개 중 130개 틀림 |
| 33. Ferrer Fenton's N.T. | 200개 중 128개 틀림 |
| 34. Latin New Testament | 200개 중 114개 틀림 |
| 35. Darby's New Testament | 200개 중 110개 틀림 |
| 36. Confraternity N.T. | 200개 중 105개 틀림 |
| 37. Rheims-Douay Version N.T. | 200개 중 90개 틀림 |
| 38. Griesbach's Greek N.T. | 200개 중 82개 틀림 |
| 39. Wordsworth's Greek N.T. | 200개 중 70개 틀림 |
| 40. Norlie's Simplified N.T. | 200개 중 62개 틀림 |
| 41. Lamsa's New Testament | 200개 중 49개 틀림 |
| 42. John Wesley's N.T. | 200개 중 43개 틀림 |
| 43. Martin Luther's German N.T. | 200개 중 다 맞음 |
| 44. Textus Receptus | 200개 중 다 맞음 |
| 45. King James Version N.T. | 200개 중 다 맞음 |

위의 비교에서 알 수 있듯이 번역된 성경 중에서 헬라어 표준원문(Textus Receptus)에서 번역된 〈킹제임스성경〉(1611)과 〈한글킹제임스성경〉(1994) 등이 그 외의 사본에서 번역된 성경과 일치하지 않는 것은 변질된 필사본에 그 원인이 있음을 확증케 해준다. 원문비평가로 알려진 오리겐(Origen)이 신비적이고 비유적인 관점에서 자신의 인본주의적 철학과 일치시켜 성경을 변개한 것이 변개의 시작인 것이다. 이와 같이 기

만하는 학자에 의하여 필사본들은 변질되었고 이 변질된 필사본에서 근대의 개역판 성경들과 의역 성경들, 그리고 우리의 한글 성경들이 나오게 된 것이다.

## 4. <한글킹제임스성경>과 변개된 기존 한글 성경들과의 차이

(1) □ 안의 성경 구절은 〈한글킹제임스성경〉이며, 고딕체로 씌여진 부분은 기존 성경들이 삭제, 오역, 첨가, 변경시킨 부분이다.

(2) 기존의 다섯 가지 한글 성경들은 동일 계열의 사본을 사용하였는데, 간혹 삭제된 부분이 그들 성경들에 들어 있음을 볼 수 있다. 이것은 원문을 무시한 채 무분별하게 첨가시킨 것이다.

(3) 여기에 열거한 것은 삭제된 부분의 일부이며 전체 삭제된 부분은 신약에서만도 2,200단어가 넘는다.

**마태복음 1:25 (삭제)**

| 그녀가 **첫**아들을 낳기까지 그녀를 알지 아니하였다가 낳으니 그가 그의 이름을 예수라 하더라. |
|---|

개역한글판

아들을 낳기까지...

개역개정판

아들을 낳기까지...

표준새번역

그러나 요셉은 마리아가 아들을 낳을 때까지...

공동번역

그러나 아들을 낳을 때까지...

현대인의 성경

그러나 그는 마리아가 아들을 낳을 때까지...

### 마태복음 5:22 (삭제)

내가 너희에게 말하노니, **까닭없이** 자기 형제에게 노하는 자는 누구든지 심판의 위험에 처하게 될 것이며, 형제에게 라카라 하는 자는 누구나 공회의 위험에 처하게 될 것이요, 또 어리석은 자라 하는 자는 누구나 지옥불의 위험에 처하게 될 것이라.

개역한글판

너희에게 이르노니 형제에게 노하는...

공동번역

자기 형제에게 성을 내는 사람은...

현대인의 성경

누구든지 형제에게 이유 없이 화내는 사람은...

개역개정판

나는 너희에게 이르노니 형제에게 노하는 자마다...

표준새번역

누구든지 형제에게 성내면...

### 마태복음 5:27 (삭제)

너희는 **옛사람들에게서** '너는 간음하지 말지니라.'고 한 말씀을 들었으나

개역한글판

또 간음치 말라 하였다는 것을 너희가 들었으나

개역개정판

또 간음하지 말라 하였다는 것을 너희가 들었으나

표준새번역

'간음하지 말아라' 하였다는 것을 너희가 들었다.

공동번역

"'간음하지 말라'로 하신 말씀을 너희는 들었다.

현대인의 성경

"또 율법에는 '간음하지 말아라.'고 쓰여 있다.

## 마태복음 5:44 (삭제)

나는 너희에게 말하노니, 너희 원수들을 사랑하고, **너희를 저주하는 자들을 축복하며, 너희를 미워하는 자들에게 잘해 주고,** 너희를 천대하고 박해하는 자들을 **위하여 기도하라.**

개역한글판

... 너희 원수를 사랑하며 너희를 핍박하는 자를 위하여 기도하라

개역개정판

... 너희 원수를 사랑하며 너희를 박해하는 자를 위하여 기도하라.

표준새번역

... 너희의 원수를 사랑하고 너희를 박해하는 자를 위하여 기도하여라.

공동번역

... 원수를 사랑하고 너희를 박해하는 사람들을 위하여 기도하여라.

현대인의 성경

... 원수를 사랑하고 너희를 핍박하는 사람들을 위해 기도하라.

### 마태복음 8:15 (오역)

| 그 **여인**의 손을 만지시니, 열병이 떠나가고 여인이 일어나 **그들을 섬기더라.** |
|---|

개역한글판

그의 손을 만지시니... 예수께 수종들더라.

개역개정판

그의 손을 만지시니... 예수께 수종들더라

표준새번역

그의 손을 잡으시니... 예수께 시중들었다.

공동번역

부인의 손을 잡으시자... 예수께 시중들었다.

현대인의 성경

그 손을 만지시자... 예수님의 시중을 들었다.

### 마태복음 9:13 (삭제)

| 너희는 가서 '나는 자비를 원하고 제사를 원치 아니하느니라.'는 말씀의 의미를 배우라. 나는 의인들을 부르러 온 것이 아니요, 죄인들을 **회개에 이르게 하려고** 왔노라. |
|---|

개역한글판

... 의인을 부르러 온 것이 아니요 죄인을 부르러 왔노라

개역개정판

... 의인을 부르러 온 것이 아니요 죄인을 부르러 왔노라.

표준새번역

... 의인을 부르러 온 것이 아니라 죄인을 부르러 왔다.

공동번역

... 선한 사람을 부르러 온 것이 아니라 죄인을 부르러 왔다

현대인의 성경

... 의로운 사람을 부르러 온 것이 아니라 죄인을 부르러 왔다.

### 마태복음 10:3 (삭제)

| 빌립과, 바돌로매, 도마와, 세리 마태, 알패오의 아들 야고보와, 다대오라는 **별명을 가진 렙배오** |
|---|

개역한글판

... 알패오의 아들 야고보와 다대오,

개역개정판

... 알패오의 아들 야고보와 다대오

표준새번역

... 알패오의 아들 야고보와 다대오,

공동번역

... 알패오의 아들 야고보와 타대오,

현대인의 성경

... 알패오의 아들 야고보, 다대오,

### 마태복음 13:55 (오역)

| 이 사람은 목수의 아들이 아니냐? 그의 모친은 마리아라 하지 않느냐? 또 그의 형제들은 야고보와 요세와 시몬과 유다가 아니냐? |
|---|

개역한글판

... 야고보, 요셉, 시몬, 유다라 하지 않느냐

개역개정판

... 야고보, 요셉, 시몬, 유다라 하지 않느냐

표준새번역

... 야고보와 요셉과 시몬과 유다가 아닌가?

공동번역

... 야고보, 요셉, 시몬, 유다가 아닌가?

현대인의 성경

... 야고보와 요셉과 시몬과 유다는 그의 동생들이다.

### 마태복음 14:24 (삭제)

| 한편 그 배는 **이제 바다 한가운데** 있었는데, 바람이 거슬러 불므로 파도에 시달리고 있더라. |
|---|

개역한글판

배가 이미 육지에서 수 리나 떠나서 바람이 거슬리므로...

개역개정판

배가 이미 육지에서 수 리나 떠나서 바람이 거스르므로...

표준새번역

그런데 배가 이미 육지에서 여러 스타디온이나 떨어져 있었고 바람이...

공동번역

배는 육지에서 멀리 떨어져 있었는데 역풍을 만나...

현대인의 성경

그러나 배는 이미 육지를 떠나 상당히 멀리까지 갔는데 바람이...

### 마태복음 15:8 (삭제)

| **이 백성이 입으로는 나에게 다가오고**, 또 입술로는 나를 공경하여도 그들의 마음은 내게서 멀도다. |
|---|

개역한글판

　　이 백성이 입술로는 나를 존경하되...

개역개정판

　　이 백성이 입술로는 나를 공경하되...

표준새번역

　　이 백성이 입술로는 나를 공경하나...

공동번역

　　이 백성이 입술로는 나를 공경하여도...

현대인의 성경

　　이 백성이 입술로는 나를 존경하나...

### 마태복음 16:3 (삭제)

> 또 아침에 하늘이 붉고 찌푸리면 '오늘은 날씨가 궂겠구나.' 하나니, **오 너희 위선자들아**, 너희가 하늘의 현상은 분별할 줄 알면서도 시대의 표적들은 분별할 줄 모르느냐?

개역한글판

　　... 오늘은 날이 궂겠다 하나니 너희가 천기는...

개역개정판

　　... 오늘은 날이 궂겠다 하나니 너희가 날씨는...

표준새번역

　　... 날씨가 궂겠다' 한다. 너희가 날씨는...

공동번역

　　... 오늘은 날씨가 궂겠구나' 한다. 이렇게 하늘을 보고...

현대인의 성경

　　... 날씨가 좋지 않겠다고 말한다. 이렇게 날씨는...

마태복음 17:21 (삭제)

**그러나 이런 종류는 기도와 금식에 의하지 않고는 나가지 아니하느니라.**

개역한글판

없음

개역개정판

없음

표준새번역

없음

공동번역

없음

현대인의 성경

(그러나 이런 귀신은 기도와 금식이 아니면 나가지 않는다)

마태복음 18:11 (삭제)

**인자가 온 것은 잃어버린 자를 구원하려는 것이라.**

개역한글판

없음

개역개정판

없음

표준새번역

없음

공동번역

없음

현대인의 성경

(나는 잃어버린 사람을 구원하러 왔다.)

### 마태복음 18:35 (삭제)

| 그러므로 이와 같이 너희들이 진심에서 우러나와 형제 각 사람을 **그들의 잘못과 더불어** 용서하지 않으면, 하늘에 계신 나의 아버지께서도 너희들에게 그렇게 하시리라. |
|---|

개역한글판

너희가 각각 중심으로 형제를 용서하지 아니하면...

개역개정판

너희가 각각 마음으로부터 형제를 용서하지 아니하면...

표준새번역

너희도 진심으로 형제를 서로 용서하지 않으면...

공동번역

너희가 진심으로 형제들을 서로 용서하지 않으면...

현대인의 성경

너희가 진심으로 형제를 용서하지 않으면...

### 마태복음 19:9 (삭제)

| 내가 너희에게 말하노니, 누구든지 음행한 연고 외에 자기 아내를 버리고 다른 여자와 혼인하는 자는 간음하는 것이요, **또 버려진 여자와 혼인하는 자도 간음하는 것이라.** |
|---|

개역한글판

... 아내를 내어버리고 다른 데 장가 드는 자는 간음함이니라

개역개정판

... 아내를 버리고 다른 데 장가 드는 자는 간음함이니라

표준새번역

... 아내를 버리고 다른 여자에게 장가드는 사람은 간음하는 것이다.

공동번역

... 아내를 버리고 다른 여자와 결혼하면 간음하는 것이다

현대인의 성경

... 자기 아내와 이혼하고 다른 여자와 결혼하는 사람은 간음죄를 짓는 것이다.

### 마태복음 20:7 (삭제)

| 그들이 말하기를 '아무도 우리를 고용해 주지 않기 때문이니이다.'라고 하더라. 주인이 그들에게 말하기를 '너희도 포도원으로 가라. **그러면 적절한 대가를 받으리라.**'고 하더라. |
|---|

개역한글판

... 가로되 너희도 포도원에 들어가라 하니라

개역개정판

... 이르되 너희도 포도원에 들어가라 하니라

표준새번역

... '당신들도 포도원에 들어가시오' 하였다.

공동번역

... '당신들도 내 포도원으로 가서 일하시오' 하고 말하였다.

현대인의 성경

... '너희도 내 포도원에 가서 일하라' 하였다.

### 마태복음 20:16 (삭제)

| 그러므로 나중 된 자들이 먼저 되고 먼저 된 자들이 나중 되리라. **이는 부름을 받은 사람들은 많으나, 택함을 받은 사람들은 적기 때문이라.** |
|---|

개역한글판

이와 같이 나중 된 자로서 먼저 되고 먼저 된 자로서 나중 되리라

개역개정판

이와 같이 나중 된 자로서 먼저 되고 먼저 된 자로서 나중 되리라

표준새번역

이와 같이 마지막된 사람이 첫째가 되고 첫째된 사람이 마지막이 될 것이다.

공동번역

이와 같이 꼴찌가 첫째가 되고 첫째가 꼴찌가 될 것이다.

현대인의 성경

"이와 같이 앞선 사람이 뒤떨어지고 뒤진 사람이 앞설 것이다.

## 마태복음 20:22(삭제)

예수께서 대답하여 말씀하시기를 "너희는 너희가 구하는 것을 알지 못하는도다. 내가 마시려고 하는 그 잔을 너희가 마실 수 있으며, 또 **내가 받는 그 침례를 너희가 받을 수 있느냐?**"고 하시니, 그들이 주께 말씀드리기를 "우리가 받을 수 있나이다."라고 하더라.

개역한글판

... 너희가 마실 수 있느냐 저희가 말하되 할 수 있나이다

개역개정판

... 너희가 마실 수 있느냐 그들이 말하되 할 수 있나이다

표준새번역

... 너희가 마실 수 있겠느냐?" 하셨다. 그들이 "마실 수 있습니다" 하니

공동번역

... 너희도 마실 수 있느냐?" 하고 물으셨다. 그들이 "마실 수 있습니다." 라고 대답하자

현대인의 성경

... 너희도 마실 수 있겠느냐?" "마실 수 있습니다."

### 마태복음 20:23 (삭제)

| 주께서 그들에게 말씀하시기를 "참으로 너희가 내 잔을 마시고, **또 내가 받는 침례로 침례를 받으려니와** 나의 오른편과 왼편에 앉는 것은 내가 주는 것이 아니요, 내 아버지께서 예비하신 자들에게 주실 것이니라."고 하시더라. |
|---|

개역한글판

... 내 잔을 마시려니와 내 좌우편에 앉는 것은...

개역개정판

... 내 잔을 마시려니와 내 좌우편에 앉는 것은...

표준새번역

... "과연 너희가 내 잔을 마실 것이다. 그러나 내 오른편이나...

공동번역

... "너희도 내 잔을 마시게 될 것이다. 그러나 내 오른편과...

현대인의 성경

... "너희가 정말 내 잔을 마실 것이다. 그러나 내 오른편과...

### 마태복음 23:8 (삭제)

| 그러나 너희는 랍비라 불림을 받지 말라. 이는 너희 선생은 한 분, **곧 그리스도요**, 너희는 모두 형제이기 때문이라. |
|---|

개역한글판

... 너희 선생은 하나이요 너희는 다 형제니라

개역개정판

... 너희 선생은 하나요 너희는 다 형제니라

표준새번역

… 너희 선생은 한 분 뿐이요 너희는 모두 형제이다.

공동번역

… 너희의 스승은 오직 한 분 뿐이고 너희는 모두 형제들이다.

현대인의 성경

… 너희 선생은 한 분 뿐이시며 너희는 모두 형제들이다.

### 마태복음 23:14 (삭제)

**위선자인 서기관들과 바리새인들아, 너희에게 화 있으리라! 이는 너희들이 과부들의 집을 삼키며 남들에게 보이고자 길게 기도하기 때문이라. 그러므로 너희는 더 큰 심판을 받으리라.**

개역한글판

없음

개역개정판

없음

표준새번역

없음

공동번역

없음

현대인의 성경

(너희 위선자들에게 불행이 닥칠 것이다. 너희는 과부의 재산을 가로채고 사람들 앞에서 거룩하게 보이려고 길게 기도한다. 그러므로 너희는 더욱 무서운 심판을 받을 것이다.)

### 마태복음 24:36 (첨가)

그러나 그 날과 시간에 관해서는 아무도 모르나니, 심지어는 하늘의 천사들도 모르고, 오직 나의 아버지만 아시느니라.

개역한글판

... 하늘의 천사들도 아들도 모르고 오직 아버지만 아시느니라

개역개정판

... 하늘의 천사들도, 아들도 모르고 오직 아버지만 아시느니라

표준새번역

... 아버지 밖에는 하늘의 천사들도 아들도 모른다.

공동번역

... 하늘의 천사들도 모르고 아들도 모르고 오직 아버지만이 아신다.

현대인의 성경

... 하늘의 천사들과 아들도 모르고 오직 아버지만 아신다.

마태복음 24:51 (오역)

| 그러면 주인이 **그를 갈라내어서** 위선자들과 함께 그의 몫을 지우리니, 거기서 울며 이를 갈고 있으리라. |
|---|

개역한글판

엄히 때리고 외식하는 자의 받는 율에 처하리니...

개역개정판

엄히 때리고 외식하는 자가 받는 벌에 처하리니...

표준새번역

몹시 때리고 위선자들이 받는 벌에...

공동번역

주인은 그 종을 자르고 위선자들이 벌받는 곳으로...

현대인의 성경

그를 사정없이 때리고 위선자들과 똑같이 심판할...

### 마태복음 25:13 (삭제)

| 그러므로 깨어 있으라. 너희는 **인자가 오실** 그 날과 그 시간을 모르기 때문이라. |
|---|

개역한글판

그런즉 깨어 있으라 너희는 그 날과 그 시를 알지 못하느니라

개역개정판

그런즉 깨어 있으라 너희는 그 날과 그 때를 알지 못하느니라

표준새번역

그러므로 깨어 있어라. 너희는 그 날과 그 때를 알지 못한다.

공동번역

그 날과 그 시간은 아무도 모른다. 그러니 항상 깨어 있으라.

현대인의 성경

그러므로 깨어 있어라. 너희는 그 날과 그 시간을 알지 못한다.

### 마태복음 27:9 (오역)

| 그리하여 선지자 예레미야를 통하여 말씀하신 것이 이루어졌으니, 말씀하시기를 "**그들이 은 삼십 개로 정한 자의 가격, 곧 이스라엘 자손 중에서 그들이 정한 그 가격을 가지고** |
|---|

개역한글판

... 일렀으되 저희가 그 정가된 자 곧 이스라엘 자손 중에서 정가한 자의 가격 곧 은 삼십을 가지고

개역개정판

... 일렀으되 그들이 그 가격 매겨진 자 곧 이스라엘 자손 중에서 가격 매긴 자의 가격 곧 은 삼십을 가지고

표준새번역

... "그들이 은전 서른 닢, 곧 이스라엘 자손이 그 사람의 몸 값을 가져다가

공동번역

... "이스라엘의 자손들이 정한 한 사람의 몸값, 은전 서른 닢을 받아서

현대인의 성경

... "그들은 이스라엘 백성이 사람의 몸값으로 정한 은화 30개를 받아

마태복음 27:35 (삭제)

| 그들이 주를 십자가에 못박은 후 주의 옷을 제비뽑아 나누었으니 **이는 선지자를 통하여 "그들이 그들 중에서 나의 옷을 나누고 또 나의 속옷을 놓고 제비뽑았나이다."**라고 하신 말씀이 이루어지게 하려 함이더라. |
|---|

개역한글판

저희가 예수를 십자가에 못 박은 후에 그 옷을 제비 뽑아 나누고...

개역개정판

그들이 예수를 십자가에 못 박은 후에 그 옷을 제비 뽑아 나누고...

표준새번역

그들이 예수를 십자가에 못 박은 뒤에 그의 옷을 제비 뽑아 나누고...

공동번역

그들은 예수를 십자가에 못 박고 나서 주사위를 던져 예수의 옷을 나누어 갖고...

현대인의 성경

그들은 예수님을 십자가에 못 박고 제비 뽑아 그분의 옷을 나눠 가진 후...

마태복음 28:9 (삭제)

| **또 여인들이 제자들에게 말하려고 갈 때에, 보라**, 예수께서 그들을 만나서 말씀하시기를 "모두 평안하냐?"라고 하시니 여인들이 나아와 그의 발을 붙잡고 주께 경배하더라. |
|---|

개역한글판

예수께서 저희를 만나 가라사대 평안하뇨 하시거늘...

개역개정판

예수께서 그들을 만나 이르시되 평안하냐 하시거늘...

표준새번역

그런데 예수께서 그들을 만나 "평안하냐?" 하시니...

공동번역

그 여자들을 향하여 걸어 오셔서 "평안하냐?" 하고...

현대인의 성경

그때 갑자기 예수님이 그들 앞에 나타나 "잘 있었느냐?" 하고...

**마가복음 1:2 (첨가)**

| 선지서들에 기록된 바와 같으니 "보라, 내가 네 면전에 나의 사자를 보내리니, 그가 네 앞서 네 길을 예비하리라. |
|---|

개역한글판

선지자 이사야의 글에...

개역개정판

선지자 이사야의 글에...

표준새번역

예언자 이사야의 글에...

공동번역

예언자 이사야의 글에...

현대인의 성경

예언서에는...

### 마가복음 2:17 (삭제)

| 예수께서 그 말을 들으시고, 그들에게 말씀하시기를 "건강한 사람들에게는 의사가 필요 없지만 병든 사람들에게는 필요하니라. 나는 의인들을 부르러 온 것이 아니요 죄인들을 **회개에 이르게 하려고 왔노라.**"고 하시니라. |
|---|

개역한글판

... 의인을 부르러 온 것이 아니요 죄인을 부르러 왔노라

개역개정판

... 의인을 부르러 온 것이 아니요 죄인을 부르러 왔노라.

표준새번역

... 의인을 부르러 온 것이 아니라 죄인을 부르러 왔다.

공동번역

... 의인을 부르러 온 것이 아니라 죄인을 부르러 왔다

현대인의 성경

... 의로운 사람을 부르러 온 것이 아니라 죄인을 부르러 왔다.

### 마가복음 3:15 (삭제)

| **또 병들을 치유하고,** 마귀들을 쫓아내는 권세를 지니게 하려 하심이더라. |
|---|

개역한글판

귀신을 내어 쫓는 권세도 있게 하려 하심이러라

개역개정판

귀신을 내쫓는 권능도 가지게 하려 하심이러라.

표준새번역

귀신을 내쫓는 권능을 가지게 하시려는 것이었다.

공동번역

마귀를 쫓아내는 권한을 주시려는 것이었다.

현대인의 성경

귀신을 쫓아내는 권능도 주셨다.

마가복음 3:16 (첨가)

| 그후 주께서 시몬에게 베드로라는 이름을 덧붙여 주시고, |
|---|

개역한글판

이 열 둘을 세우셨으니 시몬에게는

개역개정판

귀신을 내쫓는 권능도 가지게 하려 하심이러라.

표준새번역

예수께서 열둘을 임명하셨는데, 그들은, [베드로라고 이름을 지어 주신] 시몬과,

공동번역

이렇게 뽑으신 열 두 사도는 베드로라는

현대인의 성경

예수님이 뽑아 세운 이 열 두 제자는 이렇다

마가복음 6:11 (삭제)

| 누구든지 너희를 영접하지 아니하고 너희 말을 듣지도 아니하면, 거기서 떠날 때 그들에 대한 증거로 너희 발밑에 먼지를 떨어 버리라. **진실로 내가 너희에게 말하노니, 심판 날에 소돔과 고모라가 그 성읍보다 더 견디기 쉬우리라.** |
|---|

개역한글판

... 발 아래 먼지를 떨어버려 저희에게 증거를 삼으라 하시니

개역개정판

... 발 아래 먼지를 떨어버려 그들에게 증거를 삼으라 하시니

표준새번역

... 너희의 발에 묻은 먼지를 떨어서, 그들에게 증거로 삼아라.

공동번역

... 그들을 경고하는 표시로 너희의 발에서 먼저를 털어 버려라.

현대인의 성경

... 신발에 묻은 먼지를 떨어 그들에 대한 증거를 삼아라.

### 마가복음 6:36 (삭제)

| 무리를 보내어 근처 시골과 마을로 가서 빵을 사먹게 하소서. **그들에게는 먹을 것이 아무것도 없나이다.**"라고 하니라. |
|---|

개역한글판

무리를 보내어 두루 촌과 마을로 가서 무엇을 사먹게 하옵소서

개역개정판

무리를 보내어 두루 촌과 마을로 가서 무엇을 사 먹게 하옵소서.

표준새번역

이 사람들을 흩어, 제각기 먹을 것을 사 먹게 근방에 있는 농가나 마을로 보내시는 것이 좋겠습니다

공동번역

먹도록 농가나 근처 마을로 보내는 것이 좋겠습니다" 하고 말하였다.

현대인의 성경

사람들을 가까운 마을로 보내 각자 음식을 사 먹게 하십시오.

### 마가복음 7:2 (삭제)

| 제자들 가운데 몇 사람이 더러운 손, 곧 씻지 아니한 손으로 음식을 먹는 것을 보고 **흠을 잡더라.** |
|---|

개역한글판

... 씻지 아니한 손으로 떡 먹는 것을 보았더라

개역개정판

... 부정한 손 곧 씻지 아니한 손으로 떡 먹는 것을 보았더라.

표준새번역

... 부정한 손으로, 곧 씻지 않은 손으로 빵을 먹는 것을 보았다.

공동번역

... 씻지 않고 부정한 손으로 음식을 먹는 것을 보았다.

현대인의 성경

... 손을 씻지 않고 음식 먹는 것을 보았다.

### 마가복음 7:8 (삭제)

> 너희가 하나님의 계명을 버리고 사람들의 전통을 지키니, **단지와 잔을 물로 씻는 것과 이와 같은 여러 가지 다른 일을 자행하는도다.**"라고 하시니라.

개역한글판

너희가 하나님의 계명은 버리고 사람의 유전을 지키느니라.

개역개정판

너희가 하나님의 계명은 버리고 사람의 전통을 지키느니라.

표준새번역

너희는 하나님의 계명을 버리고, 사람의 관습을 지키고 있다.

공동번역

너희는 하느님의 계명은 버리고 사람의 전통을 고집하고 있다.

현대인의 성경

너희는 하나님의 계명은 버리고 사람의 전통만 내세우고 있다.

### 마가복음 7:16 (삭제)

| **누구나 들을 귀 있는 자는 들을지어다** |
|---|

개역한글판

없음 (15절의 하반절을 16절로 놓았음)

개역개정판

없음 (15절의 하반절을 16절로 놓았음)

표준새번역

없음 (15절의 하반절을 16절로 놓았음)

공동번역

없음

현대인의 성경

없음 (15절의 하반절을 16절로 놓았음)

### 마가복음 8:26 (삭제)

| 주께서 그를 그의 집으로 보내시면서 말씀하시기를 "마을로도 가지 말고 **마을에 사는 어떤 사람에게도 말하지 말라.**"고 하시니라. |
|---|

개역한글판

... 가라사대 마을에도 들어가지 말라 하시니라

개역개정판

... 마을에는 들어가지 말라 하시니라.

표준새번역

... "마을로 들어가지 말아라" 하셨다.

공동번역

... "저 마을로는 돌아가지 말아라" 하시며

현대인의 성경

... 마을에는 들어가지 말라고 주의시켰다.

마가복음 9:44 (삭제)

**그곳에는 그들의 벌레도 죽지 않고, 불도 꺼지지 아니하느니라.**

개역한글판

없음

개역개정판

없음

표준새번역

없음

공동번역

없음

현대인의 성경

없음

마가복음 9:45 (삭제)

네 발이 너를 실족케 하거든 잘라 버리라. 두 발을 가지고 **결코 꺼지지 않는 불 속인** 지옥에 던져지는 것보다 절름발이로 생명에 들어가는 것이 더 나으니라.

개역한글판

... 두 발을 가지고 지옥에 던지우는 것보다 나으니라...

개역개정판

... 두 발을 가지고 지옥에 던져지는 것보다...

표준새번역

... 두 발을 가지고 지옥에 들어가는 것보다...

공동번역

... 두 발을 가지고 지옥에 던져지는 것보다는...

현대인의 성경

... 두 발을 가지고 지옥에 들어가는 것보다는...

마가복음 9:46 (삭제)

**그곳에는 그들의 벌레도 죽지 않고, 불도 꺼지지 아니하느니라.**

개역한글판

없음

개역개정판

없음

표준새번역

없음

공동번역

없음

현대인의 성경

없음

마가복음 9:49 (삭제)

모든 사람이 불로 소금치듯함을 받을 것이며, **모든 제물이 소금으로 소금치듯함을 받으리라.**

개역한글판

사람마다 불로서 소금 치듯 함을 받으리라.

개역개정판

사람마다 불로써 소금 치듯 함을 받으리라.

표준새번역

모든 사람이 다 소금에 절이듯 불에 절여질 것이다.

공동번역

누구나 다 불소금에 절여질 것이다.

현대인의 성경

제물이 소금으로 정결하게 되듯이 모든 사람은 불로 정결하게 되어야 한다.

### 마가복음 10:21 (삭제)

| 그러자 예수께서 그를 쳐다보시고 사랑하시며, 그에게 말씀하시기를 "너에게 한 가지 부족한 것이 있으니, 가서 네가 가진 것은 무엇이든지 팔아 가난한 사람들에게 주라. 그리하면 하늘에 있는 보물을 가지게 되리니 그런 후에 와서 **십자가를 지고** 나를 따르라."고 하시더라. |
|---|

개역한글판

... 그리고 와서 나를 좇으라 하시니

개역개정판

... 그리고 와서 나를 따르라.

표준새번역

... 그리고 와서, 나를 따라라.

공동번역

... 그러니 내가 시키는 대로 하고 나서 나를 따라 오너라.

현대인의 성경

... 그리고 와서 나를 따르라.

마가복음 11:26 (삭제)

**그러나 만일 너희가 용서하지 아니하면 하늘에 계신 너희 아버지께서도 너희 죄들을 용서하지 아니하시리라.**

개역한글판

없음

개역개정판

없음

표준새번역

없음

공동번역

없음

현대인의 성경

(그러나 너희가 용서해 주지 않으면 하늘에 계신 너희 아버지께서도 너희 잘못을 용서해 주시지 않을 것이다.)

마가복음 12:33 (삭제)

또 마음을 다하고, 지성을 다하고, **혼을 다하고**, 힘을 다하여, 그분을 사랑하고 또 자기 이웃을 자신과 같이 사랑하라는 것은 모든 온전한 번제와 희생제보다 더 크니이다."라고 하니,

개역한글판

또 마음을 다하고 지혜를 다하고 힘을 다하여 하나님을...

개역개정판

또 마음을 다하고 지혜를 다하고 힘을 다하여 하나님을...

표준새번역

또 마음을 다하고 지혜를 다하고 힘을 다하여 하나님을...

공동번역

또 '마음을 다하고 지혜를 다하고 힘을 다하여 하느님을...

현대인의 성경

그리고 마음을 다하고 뜻을 다하고 힘을 다하여 하나님을...

## 마가복음 13:11 (삭제)

> 그러나 사람들이 너희를 끌고 가서 넘겨줄 때에도 무슨 말을 할까 미리 염려하거나 **생각해 놓지 말고,** 그 시각에 너희에게 주시는 대로 말하라. 이는 말하는 이는 너희가 아니라 성령이심이라.

개역한글판

무슨 말을 할까 미리 염려치 말고 무엇이든지 그 시에...

개역개정판

무슨 말을 할까 미리 염려하지 말고 무엇이든지 그 때에...

표준새번역

무슨 말을 할까 하고 미리 걱정하지 말아라. 그 시각에...

공동번역

무슨 말을 할까 하고 미리 걱정하지 말아라...

현대인의 성경

무슨 말을 할까 걱정하지 말고...

## 마가복음 13:14 (삭제)

> 그러나 너희가 **선지자 다니엘이 말했던** 멸망의 가증한 것이 서지 못할 곳에 서 있는 것을 볼 때면 (읽는 자는 깨달으라.) 유대에 있는 자들은 산으로 도망하라.

개역한글판

멸망의 가증한 것이...

개역개정판

멸망의 가증한 것이 ...

표준새번역

" '황폐하게 하는 가증스러운 물건이 ...

공동번역

"황폐의 상징인 흉측한 우상이...

현대인의 성경

"멸망케 하는 흉측한 것이...

### 마가복음 14:19 (삭제)

| 그들이 슬퍼하기 시작하며 한 사람씩 주께 말씀드리기를 "그가 나니이까?" 라고 하고, **또 다른 사람도 "나니이까?" 라고 하더라.** |
|---|

개역한글판

저희가 근심하여 하나씩 하나씩 여짜오되 내니이까

개역개정판

그들이 근심하며 하나씩 하나씩 나는 아니지요 하고 말하기 시작하니

표준새번역

그들은 근심에 싸여 "나는 아니지요?" 하고 예수께 말하기 시작하였다.

공동번역

이 말씀에 제자들은 근심하며 저마다 "저는 아니겠지요?" 하고 물었다.

현대인의 성경

제자들이 슬퍼하며 저마다 예수님께 "저는 아니지요?" 하고 묻자

### 마가복음 14:27 (삭제)

| 또 예수께서 그들에게 말씀하시기를 "너희는 모두 **오늘 밤 나로 인하여** 실족하게 될 것이라. 기록되기를 '내가 목자를 치리니, 그러면 그 양들이 흩어지리라.'고 하였음이라. |
|---|

개역한글판

예수께서 제자들에게 이르시되 너희가 다 나를 버리리라...

개역개정판

예수께서 제자들에게 이르시되 너희가 다 나를 버리리라...

표준새번역

예수께서 제자들에게 말씀하셨다. "너희가 모두 나를 버릴 것이다...

공동번역

기록되어 있는 대로 너희는 모두 나를 버릴 것이다....

현대인의 성경

이렇게 말씀하셨다. "너희가 다 나를 버릴 것이다...

## 마가복음 14:70 (삭제)

> 그가 다시 그 말을 부인하니라. 잠시 후에 다시 곁에 서 있던 사람들이 베드로에게 말하기를 "분명히 너는 그들과 한패라. 너는 갈릴리 사람이니 **너의 말투가 그와 같으니라.**"고 하더라.

개역한글판

... 너는 갈릴리 사람이니 참으로 그 당이니라

개역개정판

... 너도 갈릴리 사람이니 참으로 그 도당이니라

표준새번역

... "당신이 갈릴리 사람이니까 틀림없이 그들과 한패일 거요."

공동번역

... "당신은 갈릴래아 사람이니 틀림없이 예수와 한 패일 거요"

현대인의 성경

... "당신도 갈릴리 사람인 걸 보니 그들과 한 패임이 틀림없소"

마가복음 15:3 (삭제)

| 또 선임 제사장들이 여러 가지 일을 들어 주를 고소하나, **주께서는 아무 대답도 아니하시더라.** |
|---|

개역한글판

대제사장들이 여러 가지로 고소하는지라

개역개정판

대제사장들이 여러 가지로 고발하는지라

표준새번역

대제사장들은 여러 가지로 예수를 고발하였다.

공동번역

대사제들이 여러 가지로 예수를 고발하자

현대인의 성경

대제사장들이 갖가지 죄목을 붙여 예수님을 고소하자

마가복음 15:28 (삭제)

| **그리하여 '그가 범죄자들과 더불어 헤아림을 받았다.'고 말한 성경이 이루어졌더라.** |
|---|

개역한글판

없음

개역개정판

없음

표준새번역

없음

공동번역

없음

현대인의 성경

없음

### 누가복음 1:28 (삭제)

그 천사가 그녀에게 와서, 말하기를 "기뻐하라. 은총을 받은 자여, 주께서 너와 함께하시니 **너는 여자 중에서 복받은 자로다.**"라고 하니

개역한글판

... 주께서 너와 함께 하시도다 하니

개역개정판

... 주께서 너와 함께 하시도다 하니

표준새번역

... 주께서 너와 함께 계신다.

공동번역

... 주께서 너와 함께 계신다" 하고 인사하였다.

현대인의 성경

... 주님께서 너와 함께 계신다" 하는 말에

### 누가복음 2:14 (오역)

"지극히 높은 곳에서는 하나님께 영광이요, **땅 위에는 화평이요, 사람들에게는 호의로다.**"라고 하고

개역한글판

... 땅에서는 기뻐하심을 입은 사람들 중에 평화로다 하니라

개역개정판

... 땅에서는 하나님이 기뻐하신 사람들 중에 평화로다 하니라

표준새번역

... 땅에서는 주께서 기뻐하시는 사람들에게 평화로다."

공동번역

... 땅에서는 그가 사랑하시는 사람들에게 평화!

현대인의 성경

... 땅에서는 하나님의 은총을 받은 사람들에게 평화!

누가복음 2:33 (오역)

| **요셉과 주의 모친이** 그 아기에 관한 것을 듣고 이상히 여기더라. |
|---|

개역한글판

그 부모가...

개역개정판

그의 부모가...

표준새번역

아기의 아버지와 어머니는...

공동번역

아기의 부모는...

현대인의 성경

그 부모는...

누가복음 2:43 (오역)

| 그 절기가 끝나서 돌아올 때, 아이 예수께서는 예루살렘에 머물렀으나, **요셉과 주의 모친은** 그것을 모르더라. |
|---|

개역한글판

... 그 부모는 이를 알지 못하고

개역개정판

... 그 부모는 이를 알지 못하고

표준새번역

... 그의 부모는 이것을 모르고,

공동번역

... 그런 줄도 모르고 그의 부모는

현대인의 성경

... 부모는 이것도 모르고

### 누가복음 4:4 (삭제)

예수께서 그에게 대답하여 말씀하시기를 "기록되었으되 사람이 빵으로만 사는 것이 아니요, **하나님의 모든 말씀으로 사느니라.**"고 하시더라.

개역한글판

... 사람이 떡으로만 살 것이 아니라 하였느니라

개역개정판

... 사람이 떡으로만 살 것이 아니라 하였느니라

표준새번역

... '사람이 빵으로만 살 것이 아니다' 하였다."

공동번역

... 사람이 빵으로만 살 것이 아니라'고

현대인의 성경

... '사람이 빵으로만 살아서는 안 된다.'라고

### 누가복음 4:8 (삭제)

예수께서 그에게 대답하여 말씀하시기를 "**사탄아, 내 뒤로 물러가라.** 기록되었으되 '너는 주 너의 하나님께 경배하고 오직 그분만을 섬기라.' 고 하였느니라." 하시더라.

개역한글판

예수께서 대답하여 가라사대 기록하기를 주 너의 하나님께...

개역개정판

예수께서 대답하여 이르시되 기록된 바 주 너의 하나님께...

표준새번역

예수께서 그에게 말씀하셨다. "성경에 기록하기를 '주 너의 하나님께...

공동번역

예수께서는 악마에게 " '주님이신 너의 하느님을...

현대인의 성경

그때 예수님이 말씀하셨다. "성경에는 '주 너의 하나님을...

### 누가복음 4:18 (삭제)

> "주의 영이 내게 임하시니 이는 가난한 자들에게 복음을 전하게 하시려고 내게 기름을 부으심이라. 그가 나를 보내셨으니 이는 **마음이 상한 자를 치유케 하시며,** 포로들에게 구원을 선포하고, 눈먼 자를 보게 하고, 짓밟힌 자들을 해방시켜 주고

개역한글판

... 나를 보내사 포로된 자에게 자유를

개역개정판

... 나를 보내사 포로 된 자에게 자유를,

표준새번역

... 주께서 나를 보내셔서, 포로 된 사람들에게 자유를,

공동번역

... 나를 보내시어 묶은 사람들에게는 해방을 알려주고

현대인의 성경

... 나를 보내신 것은 마음 상한 자를 고치고 포로에게

### 누가복음 4:41 (삭제)

| 또 마귀들도 많은 사람에게서 나가며, 소리질러 말하기를 "당신은 하나님의 아들 **그리스도시니이다.**"라고 하자 주께서 그들을 꾸짖으시고 그들이 말하는 것을 허락지 아니하시니 이는 그 마귀들이 주가 그리스도인 것을 알고 있기 때문이더라. |
|---|

개역한글판

소리질러 가로되 하나님의 아들이니이다...

개역개정판

여러 사람에게서 귀신들이 나가며 소리 질러 이르되 당신은 하나님의 아들이니이다 ...

표준새번역

또 귀신들도 많은 사람에게서 떠나가며 "당신은 하나님의 아들입니다" 하고...

공동번역

떠나가며 "당신은 하느님의 아들이십니다!" 하고...

현대인의 성경

그리고 귀신들도 "당신은 하나님의 아들이십니다" 하고...

### 누가복음 5:38 (삭제)

| 그러나 새 포도주는 새 가죽 부대에 부어야만 하나니, **그리하면 둘 다 보존되느니라.** |
|---|

개역한글판

새 포도주는 새 부대에 넣어야 할 것이니라

개역개정판

새 포도주는 새 부대에 넣어야 할 것이니라

표준새번역

새 포도주는 새 가죽 부대에 넣어야 한다.

공동번역

그러므로 새 포도주는 새 부대에 넣어야 한다.

현대인의 성경

그러므로 새 포도주는 새 부대에 넣어야 한다.

### 누가복음 6:16 (오역)

| 야고보의 **형제** 유다와 유다 이스카리옷이니, 그는 또한 배반자였더라. |
|---|

개역한글판

및 야고보의 아들 유다와...

개역개정판

야고보의 아들 유다와...

표준새번역

야고보의 아들 유다와...

공동번역

야고보의 아들 유다, 그리고...

현대인의 성경

야고보의 아들 유다, 그리고...

### 누가복음 8:43 (삭제)

| 한편 십이 년 동안 유출병을 앓고 있는 한 여인이 있었는데, **자기 생계비를 의사들에게 모두 썼으나** 누구도 낫게 하지 못했더라. |
|---|

개역한글판

앓는 중에 아무에게도 고침을 받지 못하던 여자가

개역개정판

앓는 중에 아무에게도 고침을 받지 못하던 여자가

표준새번역

앓는 여자가 있었는데, [의사에게 재산을 모두 다 탕진했지만,] 아무도 이 여자를 고쳐 주지 못하였다.

공동번역

앓고 있는 여자가 있었다. 그 여자는 여러 의사에게 보이느라고 가산 마저 탕진하였지만 아무도 그 병을 고쳐 주지 못하였다.

현대인의 성경

앓던 한 여자가 있었다. (그녀는 여러 의사들을 찾아다니며 치료하느라고 자기 재산을 다 허비하였으나) 그녀를 고칠 수 있는 사람은 아무도 없었다.

### 누가복음 9:55 (삭제)

> 주께서 돌아서서 그들을 꾸짖으시며 말씀하시기를 "**너희는 너희가 어떤 영을 지녔는지 알지 못하고 있도다.**

개역한글판

예수께서 돌아보시며 꾸짖으시고

개역개정판

예수께서 돌아보시며 꾸짖으시고

표준새번역

예수께서 돌아서서 그들을 꾸짖으셨다.

공동번역

예수께서는 돌아서서 그들을 꾸짖고 나서

현대인의 성경

예수님은 그들을 꾸짖고

### 누가복음 9:56 (삭제)

| **인자는 사람들의 생명을 멸하려고 온 것이 아니라 구원하려고 왔느니라."고 하시고** 일행과 더불어 다른 마을로 가시더라. |
|---|

개역한글판

함께 다른 촌으로 가시니라.

개역개정판

함께 다른 마을로 가시니라

표준새번역

그리고 그들은 다른 마을로 갔다.

공동번역

일행과 함께 다른 마을로 가셨다.

현대인의 성경

함께 다른 마을로 가셨다.

### 누가복음 11:2 (삭제)

| 그때 주께서 그들에게 말씀하시기를 "너희는 기도할 때에 이렇게 말하라. '하늘에 계신 우리 아버지, 아버지의 이름이 거룩하게 되시옵고, 아버지의 왕국이 임하시오며, **아버지의 뜻이 하늘에서와 같이 땅에서도 이루어지이다.** |
|---|

개역한글판

... 아버지여... 나라이 임하옵시며

개역개정판

... 아버지여... 나라가 임하시오며

표준새번역

... 아버지... 나라가 임하게 하시오며,

공동번역

... 아버지... 아버지의 나라가 오게 하소서.

현대인의 성경

... 아버지... 아버지의 나라가 속히 오게 하시며

### 누가복음 11:4 (삭제)

> 우리가 우리에게 빚진 모든 사람을 용서하오니 우리의 죄들도 용서하여 주시오며, 우리를 시험에 들지 않게 하시옵고, **악에서 구하여 주시옵소서.**'라고 하라."고 하시니라.

개역한글판

... 우리를 시험에 들게 하지 마옵소서 하라

개역개정판

... 우리를 시험에 들게 하지 마시옵소서 하라

표준새번역

... 우리를 시험에 들게 하지 마시옵소서.

공동번역

... 우리를 유혹에 빠지지 않게 하소서.

현대인의 성경

... 우리가 시험에 들지 않게 하소서.

### 누가복음 11:11 (삭제)

> 너희 가운데 누가 아비 된 자가 있어 아들이 **빵을 달라는데 돌을 주며**, 생선을 달라는데 생선 대신 뱀을 주겠느냐?

개역한글판

너희 중에 아비 된 자 누가 아들이 생선을 달라 하면

개역개정판

너희 중에 아버지 된 자로서 누가 아들이 생선을 달라 하는데 생선 대신에 뱀을 주며

표준새번역

너희 가운데 아버지가 되어 가지고 아들이 생선을 달라고 하는데 생선 대신에 뱀을 줄 사람이 어디에 있으며,

공동번역

생선을 달라는 자식에게 뱀을 줄 아비가 어디 있겠으며

현대인의 성경

너희 중에 아들이 생선을 달라는데 생선 대신 뱀을 주며

### 누가복음 12:39 (삭제)

> 그러나 이것을 알라. 만일 그 집 주인이 몇 시에 도둑이 올 것인 줄 알았다면 **깨어 있어** 자기 집 뚫는 것을 허락하지 아니하였으리라.

개역한글판

... 어느 때에 이를 줄 알았더면 그 집을 뚫지

개역개정판

... 도둑이 어느 때에 이를 줄 알았더라면 그 집을 뚫지 못하게 하였으리라

표준새번역

... 도둑이 언제 들지를 안다면, 그는 도둑이 집을 뚫고 들어오도록 내버려 두지 않을 것이다.

공동번역

... 언제 올 지 집주인이 알고 있었다면 자기 집을 뚫고

현대인의 성경

... 시간을 알았다면 집에 도둑이 침입하지 못하게 했을 것이다.

누가복음 12:46 (오역)

| 그 종이 그를 찾지 아니하는 날 예기치 아니한 시간에 그 종의 주인이 오리니, **그러면 그를 갈라내어서** 그의 몫을 믿지 않는 자들과 함께 정해 주리라. |
|---|

개역한글판

... 주인이 이르러 엄히 때리고...

개역개정판

... 주인이 이르러 엄히 때리고...

표준새번역

... 주인이 와서, 그 종을 몹시 때리고...

공동번역

... 주인이 돌아와서 그 종을 동강내고...

현대인의 성경

... 주인이 와서 그를 사정없이 때리고...

누가복음 17:9 (삭제)

| 명령한 대로 그가 행하였다고 해서 그 종에게 고맙다고 하겠느냐? **나는 그렇게 생각하지 아니하노라.** |
|---|

개역한글판

명한 대로 하였다고 종에게 사례하겠느냐

개역개정판

명한 대로 하였다고 종에게 감사하겠느냐

표준새번역

그 종이 명령한 대로 하였다고 해서, 주인이 그에게 고마워하겠느냐?

공동번역

그 종이 명령대로 했다 해서 주인이 고마워해야 할 이유가 어디 있겠느냐?

현대인의 성경

시키는 대로 했다고 해서 주인이 그 종에게 고맙다고 하겠느냐?

누가복음 17:36 (삭제)

| **또 두 사람이 들에 있는데, 한 사람은 데려가게 되고 한 사람은 남게 되리라.** |
|---|

개역한글판

없음

개역개정판

없음

표준새번역

없음

공동번역

없음

현대인의 성경

(두 사람이 밭에 있어도 하나는 데려가고 하나는 버려 둘 것이다.)

누가복음 18:24 (삭제)

| 예수께서 **그가 몹시 슬퍼하는 것을** 보고 말씀하시기를 "재물을 가진 자들이 하나님의 나라에 들어가는 것이 얼마나 어려운 일인가! |
|---|

개역한글판

예수께서 저를 보시고 가라사대...

개역개정판

예수께서 그를 보시고 이르시되...

표준새번역

예수께서는, 그가 근심에 사로잡힌 것을 보고 말씀하셨다....

공동번역

예수께서 그를 보시고 이렇게 말씀하셨다...

현대인의 성경

그래서 예수님은 그를 보시며 말씀하셨다...

누가복음 22:68 (삭제)

또 내가 너희에게 물을지라도 너희는 나에게 대답하지 아니하고, **또 나를 가게 하지도 아니할 것이라.**

개역한글판

내가 물어도 너희가 대답지 아니할 것이니라

개역개정판

내가 물어도 너희가 대답하지 아니할 것이니라

표준새번역

내가 물어보아도 너희는 대답하지 않을 것이다.

공동번역

내가 물어 보아도 너희는 대답하지 않을 것이다.

현대인의 성경

내가 물어도 너희가 대답하지 않을 것이다.

누가복음 23:17 (삭제)

**명절에는 반드시 그들에게 한 사람을 놓아주게 되어 있더라.**

개역한글판

없음

개역개정판

없음

표준새번역

없음

공동번역

없음

현대인의 성경

없음

누가복음 23:38 (삭제)

| 그의 위에는 **헬라어와 라틴어와 히브리어로** '이 사람은 유대인의 왕이라.'고 쓴 명패도 있더라. |
|---|

개역한글판

그의 위에 이는 유대인의 왕이라 쓴 패가 있더라

개역개정판

그의 위에 이는 유대인의 왕이라 쓴 패가 있더라

표준새번역

예수의 머리 위에는 "유대인의 왕 예수"라고 쓴 죄패가 붙어 있었다.

공동번역

예수의 머리 위에는 '이 사람은 유대인의 왕'이라는 죄목이

현대인의 성경

예수님의 머리 위에는 '이 사람은 유대인의 왕이다'라고 쓴 죄패가

요한복음 1:18 (오역)

| 아무도 어느 때나 하나님을 본 사람이 없지만 아버지의 품 안에 계신 독생자, **그가 하나님을 분명히 밝히셨느니라.** |
|---|

개역한글판

본래 하나님을 본 사람이 없으되 아버지 품 속에 있는 독생하신 하나님이 나타내셨느니라

개역개정판

본래 하나님을 본 사람이 없으되 아버지 품 속에 있는 독생하신 하나님이 나타내셨느니라

표준새번역

일찍이 하나님을 본 사람이 없으나, 아버지의 품 속에 계시는 독생자이신 하나님이 그분을 나타내 보이셨다.

공동번역

일찍이 하느님을 본 사람은 없다. 그런데 아버지의 품안에 계신 외아들로서 하느님과 똑같으신 그 분이 하느님을 알려 주셨다.

현대인의 성경

지금까지 하나님을 본 사람은 없었다. 그러나 아버지의 품안에 계신 외아들이 그 분을 알리셨다.

**요한복음 1:27 (삭제)**

| 내 뒤에 오시는 그분은 **나보다 앞선 분이며** 나는 그분의 신발끈을 풀 자격도 없느니라."고 하더라. |
|---|

개역한글판

곧 내 뒤에 오시는 그이라 나는 그의 신들메 풀기도..

개역개정판

곧 내 뒤에 오시는 그이라 나는 그의 신발끈을...

표준새번역

그는 내 뒤에 오시는 분이지만, 나는 그의 신발 끈을...

공동번역

이 분은 내 뒤에 오시는 분이지만 나는 이분의 신발 끈을...

현대인의 성경

그분은 내 뒤에 오시는 분이시다. 나는 그분의 신발끈을...

### 요한복음 3:13 (삭제)

| 하늘에서 내려온 이, 곧 **하늘에 있는** 인자 외에는 아무도 하늘에 올라간 자가 없느니라. |
|---|

개역한글판

하늘에서 내려온 자 곧 인자 외에는...

개역개정판

하늘에서 내려온 자 곧 인자 외에는...

표준새번역

하늘에서 내려온 이, 곧 인자 밖에는...

공동번역

하늘에서 내려 온 사람의 아들 외에는...

현대인의 성경

하늘에서 내려온 나 외에는...

### 요한복음 6:69 (삭제)

| 우리는 주께서 **그 그리스도, 곧 살아 계신 하나님의 아들이심을** 믿으며 또 확신하나이다. |
|---|

개역한글판

우리가 주는 하나님의 거룩하신 자신 줄 믿고 알았삽나이다...

개역개정판

우리가 주는 하나님의 거룩하신 자이신 줄...

표준새번역

우리는, 선생님이 하나님의 거룩한 분이심을 ...

공동번역

우리는 주님께서 하느님이 보내신 거룩한 분이심을...

현대인의 성경

우리는 주님이 하나님의 거룩하신 아들이라는 것을...

요한복음 8:38(오역)

| 나는 내 아버지와 함께 본 것을 말하되 너희는 **너희 아비와 함께 본 것을** 행하는도다. |
|---|

개역한글판

... 너희는 너희 아비에게서 들은 것을 행하느니라

개역개정판

... 너희는 너희 아비에게서 들은 것을 행하느니라

표준새번역

... 너희는 너희의 아버지에게서 들은 것을 행한다."

공동번역

... 너희는 너희의 아비가 일러 준 대로 하고 있다.

현대인의 성경

... 너희는 너희 아비에게서 들은 것을 행한다.

요한복음 9:35(오역)

| 예수께서 유대인들이 그를 쫓아내었다는 말을 듣고 난 후 그를 만나서 말씀하시기를 "너는 **하나님의 아들을** 믿느냐?"고 하시니 |
|---|

개역한글판

... 가라사대 네가 인자를 믿느냐

개역개정판

... 네가 인자를 믿느냐

표준새번역

... "네가 인자를 믿느냐?" 하고 물으셨다.

공동번역

... "너는 사람의 아들을 믿느냐?"하고 물으셨다.

현대인의 성경

... "네가 하나님의 아들을 믿느냐?"

### 요한복음 11:41(삭제)

| 사람들이 **죽은 자가 놓여 있는 곳에서** 돌을 치우니, 예수께서 눈을 들어 말씀하시기를 "아버지시여, 내 말을 들으신 것을 감사하나이다. |
|---|

개역한글판

돌을 옮겨 놓으니...

개역개정판

돌을 옮겨 놓으니...

표준새번역

사람들이 그 돌을 옮겨 놓았다...

공동번역

사람들이 돌을 치웠다...

현대인의 성경

사람들이 돌을 옮겨 놓자...

### 요한복음 16:16(삭제)

| 잠시 후면 너희가 나를 보지 못할 것이요, 또 잠시 후면 너희가 나를 볼 것이라. **이는 내가 아버지께로 가기 때문이라.** |
|---|

개역한글판

... 또 조금 있으면 나를 보리라 하신대

개역개정판

... 또 조금 있으면 나를 보리라 하시니

표준새번역

... 그러나 또 조금 있으면, 나를 볼 것이다."

공동번역

... 그러나 얼마 안 가서 나를 다시 보게 될 것이다.

현대인의 성경

... 그러다가 조금 있으면 다시 나를 보게 될 것이다.

### 사도행전 2:30 (삭제)

| 그러므로 그가 선지자가 되어 **육신을 따라** 그의 후손 중에서 그리스도를 일으키시어 그의 보좌에 앉게 하신다는 맹세를 하나님께서 자기에게 하신 것을 알고 |
|---|

개역한글판

그 자손 중에서 한 사람을 그 위에 앉게 하리라 하심을 알고...

개역개정판

그는 선지자라 하나님이 이미 맹세하사 그 자손 중에서 한 사람을...

표준새번역

그는 예언자여서, 하나님께서 자기의 자손 가운데서 한 사람을...

공동번역

다윗은 예언자로서 하느님께서 자기 후손 가운데 한 사람을...

현대인의 성경

다윗은 예언자였기 때문에 하나님께서 자기 후손 가운데 한 사람을...

### 사도행전 8:37(삭제)

| **빌립이 말하기를 "만일 당신이 마음을 다하여 믿으면 합당하니라."고 하니 그가 대답하여 말하기를 "나는 예수 그리스도가 하나님의 아들이신 것을 믿나이다."라고 하더라.** |
|---|

개역한글판

없음

개역개정판

없음

표준새번역

없음

공동번역

없음

현대인의 성경

(빌립이 그에게 "당신이 진심으로 믿는다면 받을 수 있습니다"하자 그는 "예수 그리스도가 하나님의 아들이라는 것을 내가 믿습니다"하고 말하였다.)

### 사도행전 9:5 (삭제)

| 그러자 그가 말하기를 "주여, 당신은 누구시니이까?"라고 하니 주께서 말씀하시기를 "나는 네가 박해하는 예수라. **가시채를 걷어차는 것이 네게 고통이라.**"고 하시더라. |
|---|

개역한글판

... 가라사대 나는 네가 핍박하는 예수라

개역개정판

... 이르시되 나는 네가 박해하는 예수라

표준새번역

... 하고 물으니 "나는 네가 핍박하는 예수다.

공동번역

... 물으니 "나는 네가 박해하는 예수다.

현대인의 성경

... 하고 묻자 "나는 네가 핍박하는 예수이다.

### 사도행전 9:6 (삭제)

| **그가 떨며 놀라서 말하기를 "주여, 내가 어떻게 하기를 원하시나이까?"라고 하니 주께서 그에게 말씀하시기를** "일어나서 성읍으로 들어가라. 그러면 네가 행해야 할 일을 네게 일러 주리라."고 하시더라. |
|---|

개역한글판

네가 일어나 성으로 들어가라...

개역개정판

너는 일어나 시내로 들어가라...

표준새번역

일어나서 성 안으로 들어가거라...

공동번역

일어나서 시내로 들어가거라...

현대인의 성경

너는 일어나 시내로 들어가거라...

### 사도행전 10:6 (삭제)

| 그가 바닷가에 집이 있는 어떤 피장이 시몬과 함께 묵고 있으니 **네가 해야 될 일들을 그가 네게 말해 줄 것이라.** |
|---|

개역한글판

저는 피장 시몬의 집에 우거하니 그 집은 해변에 있느니라 하더라

개역개정판

그는 무두장이 시몬의 집에 유숙하니 그 집은 해변에 있다 하더라

표준새번역

그는 무두장이인 시몬의 집에 묵고 있는데, 그 집은 바닷가에 있다."

공동번역

베드로는 바닷가에 있는 피장이 시몬의 집에 머물고 있다" 하고 일러주었다.

현대인의 성경

그는 바닷가에 있는 피혁공 시몬의 집에 머물고 있다.

사도행전 10:30 (삭제)

| 코넬료가 말하기를 "나흘 전 **이 시간까지 내가 금식하고** 제구시에 내 집에서 기도하고 있었는데, 보소서, 어떤 사람이 광채나는 옷을 입고 내 앞에 서서 |
|---|

개역한글판

... 나흘 전 이맘때가지 내 집에서 제 구시 기도를...

개역개정판

... 나흘 전 이맘때까지 내 집에서 제 구 시 기도를...

표준새번역

..."나흘 전 이맘때쯤에, 내가 집에서 오후 세 시에 드리는 기도를...

공동번역

... 나흘 전 이맘 때쯤 나는 집에서 오후 세 시의 기도를...

현대인의 성경

... 4일 전 이맘때에 나는 집에서 오후 3시 기도를...

사도행전 10:32(삭제)

| 그러므로 욥파로 사람을 보내어 베드로라 하는 시몬을 불러오라. 그는 바닷가에 사는 피장이 시몬이라 하는 사람의 집에 유숙하고 있느니라. **그가 오면 너에게 말해 주리라.** |
|---|

개역한글판

... 저가 바닷가 파장 시몬의 집에 우거하느니라 하시기로

개역개정판

... 그가 바닷가 무두장이 시몬의 집에 유숙하느니라 하시기로

표준새번역

... 그는 바닷가에 있는 무두장이 시몬의 집에 묵고 있다' 하고 말했습니다.

공동번역

... 그 사람은 바닷가에 있는 피장이 시몬의 집에 머물고 있다'고 말했습니다.

현대인의 성경

... 그는 바닷가에 있는 피혁공 시몬의 집에 머물고 있다.'

### 사도행전 15:18(오역)

| 세상의 시작부터 **그의 모든 역사가 하나님께 알려졌느니라.**'고 함과 같으니라. |
|---|

개역한글판

즉 예로부터 이것을 알게 하시는 주의 말씀이라 함과 같으니라

개역개정판

즉 예로부터 이것을 알게 하시는 주의 말씀이라 함과 같으니라

표준새번역

이것은 주의 말이니, 나 주는 옛부터, 이 모든 일을 알게 해주는 자다.

공동번역

오래 전부터 이것을 알게 해 주시는 주께서 이렇게 말씀하신다.

현대인의 성경

오래 전부터 이 일을 알게 한 나 하나님의 말이다.

### 사도행전 15:24(삭제)

| 우리가 듣기로는 우리 가운데서 나간 몇몇 사람이 말로 너희를 괴롭히고 너희의 혼을 파멸시키며 말하기를 **'할례를 받고 율법을 지켜야 한다.'라고 하는데 우리는 그들에게 그러한 지침을 준 적이 없노라.** |
|---|

개역한글판

나가서 말로 너희를 괴롭게 하고 마음을 혹하게 한다 하기로

개역개정판

들은즉 우리 가운데서 어떤 사람들이 우리의 지시도 없이 나가서 말로 너희를 괴롭게 하고 마음을 혼란하게 한다 하기로

표준새번역

우리 가운데 몇몇 사람이 여러분에게로 가서, 우리가 시키지 않은 여러 말로 여러분을 혼란에 빠뜨리고, 여러분의 마음을 어지럽게 하였다는 소식을 들었습니다.

공동번역

가서 엉뚱한 말로 여러분을 괴롭히고 어리둥절하게 만들었다는 이야기를 들었는데 그것은 우리가 시킨 일이 아닙니다.

현대인의 성경

시키지도 않은 말로 여러분을 괴롭히고 여러분의 마음을 어지럽게 했다는 소문을 들었습니다.

### 사도행전 15:34(삭제)

**실라는 오히려 그곳에 머무는 것을 좋게 여기니라.**

개역한글판

없음

개역개정판

없음

표준새번역

없음

공동번역

없음

현대인의 성경

없음

## 사도행전 18:21(삭제)

그들과 헤어지면서 말하기를 "**내가 어떠한 일이 있어도 다가오는 이 명절을 예루살렘에서 지키리라.** 그러나 하나님의 뜻이면 여러분에게로 다시 돌아오리라." 하고 에베소에서 배를 타고 떠나니라.

개역한글판

작별하여 가로되 만일 하나님의 뜻이면...

개역개정판

작별하여 이르되 만일 하나님의 뜻이면 너희에게 돌아오리라 하고...

표준새번역

"하나님의 뜻이면, 내가 다시 돌아오겠습니다" 하고 작별 인사를 한 뒤에...

공동번역

"하느님의 뜻이라면 다시 찾아 오겠소" 하고...

현대인의 성경

하나님의 뜻이라면 다시 오게 될 것이라고...

## 사도행전 20:15(삭제)

그곳에서 배로 떠나 그 다음 날 키오 맞은편에 이르렀고, 그 다음 날에는 사모에 들렀고 **트로굴리움에서 머물렀으며**, 그 다음 날 밀레도에 도착하였더라.

개역한글판

그 이튿날 사모에 들리고 또 그 다음날 밀레도에 이르니라

개역개정판

그 이튿날 사모에 들르고 또 그 다음 날 밀레도에 이르니라

표준새번역

이튿날 기오 맞은편에 이르고, 다음날 사모에 들렀다가, 그 다음날 밀레도에 이르렀다.

공동번역

다음 날 사모스섬에 들렀다가 그 다음 날에는 밀레도스에 도착하였다.

현대인의 성경

다음 날 사모에 들렀다가 그 다음 날 밀레도에 도착하였다.

### 사도행전 21:22(삭제)

| 그대가 왔다는 말을 들으면 **무리가 몰려올 것이 분명한데** 그때에는 어떻게 하면 좋으리요? |
|---|

개역한글판

그러면 어찌할꼬 저희가 필연 그대의 온 것을 들으리니

개역개정판

그러면 어찌할꼬 그들이 필연 그대가 온 것을 들으리니

표준새번역

그들은 틀림없이, 당신이 왔다는 소식을 들었을 것입니다.

공동번역

그들은 당신이 여기 온 것을 틀림없이 알게 될 터인 어떻게 하면

현대인의 성경

당신이 여기에 온 것도 그들이 알게 될 것이 뻔한데

### 사도행전 21:25 (삭제)

| 그러나 믿는 이방인들은 다만 우상에게 바쳤던 제물과 피와 목매어 죽인 것을 먹지 말고 음행을 피하라는 것 외에는 **이런 것을 지킬 필요가 없다**고 결의하고 편지로 써 보냈노라. |
|---|

개역한글판

... 음행을 피할 것을 결의하고 편지하였느니라 하니

개역개정판

... 음행을 피할 것을 결의하고 편지하였느니라 하니

표준새번역

... 음행을 삼가야 한다는 것을, 우리가 결정해서 써 보냈습니다."

공동번역

... 음란한 행동을 하지 말아야 한다는 우리의 결정을 이미 써 보낸 바 있습니다.

현대인의 성경

... 음란을 피하라는 우리의 결정을 이미 편지한 바 있습니다.

## 사도행전 22:20 (삭제)

| 주님의 순교자 스테판이 피를 흘릴 때 나도 그 곁에 서서 **그를 죽이는 일에** 찬성하고 그를 죽이는 자들의 옷을 지켜 주었나이다. |
|---|

개역한글판

... 내가 곁에 서서 찬성하고...

개역개정판

... 내가 곁에 서서 찬성하고...

표준새번역

... 저도 곁에 서서, 그 일에 찬동하면서...

공동번역

... 저도 그 자리에 있었을 뿐 아니라 그 일에 찬동하였고...

현대인의 성경

... 내가 곁에 서서 그 일을 찬성하고...

### 사도행전 23:9 (삭제)

> 그때 큰 아우성이 일고 바리새인 편에서 서기관들이 일어나 항의하며 말하기를 "우리는 이 사람에게서 악한 것을 찾아볼 수 없도다. 그러므로 영이나 천사가 이 사람에게 말한 것이라면 **우리는 하나님을 거역하여 싸우지 말자.**"라고 하더라.

개역한글판

... 혹 영이나 혹 천사가 저더러 말하였으면 어찌 하겠느뇨 하여

개역개정판

... 혹 영이나 혹 천사가 그에게 말하였으면 어찌 하겠느냐 하여

표준새번역

... 만일 영이나 천사가 그에게 말하여 주었으면, 어찌하겠습니까?

공동번역

... 만일 영적 존재가 천사가 그에게 말해 주었다면 어떻게 할 셈입니까?" 하고 내대며 바울로를 두둔하였다.

현대인의 성경

... 만일 영이나 천사가 그에게 말했다면 어떻게 하겠습니까?" 하고

### 사도행전 24:7-8 (삭제)

> **사령관 루시아가 대병력을 대동하고 와서 그를 우리 손에서 빼앗아 가며 그를 고소하는 사람들에게 당신께 가도록 명령하였나이다.** 당신께서 그를 심문하시면 우리가 그를 고소하는 이 모든 일을 친히 아시게 되리이다.

개역한글판

당신이 친히 그를 심문하시면 우리의 송사하는 이 모든 일을 아실 수 있나이다 하니

개역개정판

(7절 없음) 당신이 친히 그를 심문하시면 우리가 고발하는 이 모든 일을

아실 수 있나이다 하니

표준새번역

(7절 없음) 각하께서 친히 그를 신문하여 보시면, 우리가 그를 고소하는 이유를 다 아시게 될 것입니다.

공동번역

파견대장 리시아가 와서 그를 우리 손에서 빼앗아 갔습니다. 그리고는 그를 고소하는 사람들에게 각하께 가라고 명령하였습니다.) 그러 하오니 각하께서 친히 그를 심문해 보시면...

현대인의 성경

부대장 루시아가 강제로 뺏아가면서 각하께 직접 고소하라고 했습니다.) 각하께서 직접 그를 심문해...

## 사도행전 24:26 (삭제)

| 그는 또한 바울이 자기에게 돈을 주리라고 바랐는데 **그러면 그를 놓아주려고 하였더라.** 그런 연유로 그를 더 자주 불러서 함께 이야기하더라. |
|---|

개역한글판

돈을 받을까 바라는고로 더 자주 불러 같이 이야기하더라

개역개정판

동시에 또 바울에게서 돈을 받을까 바라는 고로 더 자주 불러 같이 이야기하더라

표준새번역

동시에 그는 바울에게서 돈을 받을까 하고 은근히 바라서, 바울을 자주 불러내어 이야기를 나누었다.

공동번역

뇌물을 받아 내려는 속셈으로 바울로를 자주 불러 내어

현대인의 성경

뇌물을 받으려는 속셈으로 그를 자주 불러내어

사도행전 28:16 (삭제)

| 우리가 로마에 다다르니 **백부장이 죄수들을 경호대장에게 넘겨주었고** 바울은 자기를 지키는 한 병사와 함께 혼자 있도록 허락하더라. |
|---|

개역한글판

우리가 로마에 들어가니 바울은 자기를...

개역개정판

우리가 로마에 들어가니 바울에게는...

표준새번역

우리가 로마에 들어갔을 때에, 바울은...

공동번역

우리가 로마에 들어갔을 때에 바울로는...

현대인의 성경

우리가 로마에 들어가자 바울은...

사도행전 28:29 (삭제)

| **그가 이 말을 마치니 유대인들이 자리를 뜨더라. 그리고 그들 사이에 상당한 쟁론이 있더라.** |
|---|

개역한글판

없음

개역개정판

없음

표준새번역

없음

공동번역

　　없음

현대인의 성경

　　(바울이 이 말을 한 후에 유대인들은 서로 격렬한 논쟁을 하다가 돌아갔다.)

### 로마서 1:29 (삭제)

| 그들은 모든 불의, **음행**, 사악, 탐욕, 악의로 가득 찼으며, 시기, 살인, 분쟁, 사기, 악독이 가득하며, 수군거리는 자들이요, |
|---|

개역한글판

　　곧 모든 불의, 추악...

개역개정판

　　곧 모든 불의, 추악...

표준새번역

　　사람들은 온갖 불의와 악행과...

공동번역

　　그래서 인간은 온갖 부정과 부패와...

현대인의 성경

　　그들은 온갖 부정, 추악...

### 로마서 8:1 (삭제)

| 그러므로 이제 그리스도 예수 안에 있는 자들에게는 결코 정죄함이 없나니, **그들은 육신을 따라 행하지 아니하고 성령을 따라 행하느니라.** |
|---|

개역한글판

　　... 결코 정죄함이 없나니

개역개정판

　　... 결코 정죄함이 없나니

표준새번역

... 정죄를 받지 않습니다.

공동번역

... 결코 단죄받는 일이 없습니다.

현대인의 성경

... 유죄 판결이 없습니다.

로마서 9:28 (삭제)

| **그가 그 일을 완수하시고 의 가운데서** 속히 이루시리니 이는 주께서 땅 위에서 그 일을 속히 행하실 것임이라. |
|---|

개역한글판

그 말씀을 이루사 필하시고 끝내시리라 하셨느니라

개역개정판

주께서 땅 위에서 그 말씀을 이루고 속히 시행하시리라 하셨느니라

표준새번역

주께서는 그 말씀하신 것을 온전히, 그리고 조속히 온 땅에서 이루실 것이다.

공동번역

약속하신 말씀을 신속히 그리고 엄격히 이 세상에서 다 이루시리라.

현대인의 성경

말씀하신 것을 이 땅에서 철저하게 속히 이루실 것이다.

로마서 11:6 (삭제)

| 은혜로 된 것이면 더 이상 행위가 아니니 그렇지 아니하면 은혜가 더 이상 은혜가 아니니라. **그러나 행위로 된 것이면 그것은 더 이상 은혜가 아니니 그렇지 아니하면 행위는 더 이상 행위가 아니니라.** |
|---|

개역한글판

... 그렇지 않으면 은혜가 은혜되지 못하느니라

개역개정판

... 그렇지 않으면 은혜가 은혜 되지 못하느니라

표준새번역

... 그렇지 않으면, 그 은혜는 이미 은혜가 아닙니다.

공동번역

... 뽑힌 것이라면 그의 은총은 은총이 아닐 것입니다.

현대인의 성경

... 그렇지 않으면 은혜가 진정한 은혜라고 할 수 없습니다.

### 로마서 13:9 (삭제)

이는 이것, 즉 "너는 간음하지 말지니라, 너는 살인하지 말지니라, 너는 도둑질하지 말지니라, **너는 거짓 증거하지 말지니라**, 너는 탐내지 말지니라." 한 것과 그 외에 다른 계명이 있을지라도 이 말씀으로 모두 요약될 수 있음이니, 즉 "너는 네 이웃을 네 자신과 같이 사랑하라."는 것이라.

개역한글판

... 도적질 하지 말라, 탐내지 말라 한 것과...

개역개정판

... 도둑질하지 말라, 탐내지 말라 한 것과...

표준새번역

... 도둑질하지 말아라. 탐내지 말아라" 하는 계명과,...

공동번역

... 도둑질하지 말라. 탐내지 말라"라는 계명이 있고...

현대인의 성경

... 도둑질 하지 말아라. 탐내지 말아라"는 계명과...

로마서 14:6 (삭제)

> 날을 소중히 여기는 자는 주를 위하여 소중히 여기고 **날을 소중히 여기지 아니하는 자도 주를 위하여 소중히 여기지 아니하며**, 먹는 자도 주를 위하여 먹으며 하나님께 감사하고 또 먹지 않는 자도 주를 위하여 먹지 않고 하나님께 감사하느니라.

개역한글판

날을 중히 여기는 자도 주를 위하여 중히 여기고 먹는 자도...

개역개정판

날을 중히 여기는 자도 주를 위하여 중히 여기고 먹는 자도...

표준새번역

어떤 날을 더 존중히 여기는 이도 주님을 위하여 그렇게 하는 것이요, 먹는 이도...

공동번역

어떤 날을 따로 정해서 지키는 사람도 주님을 위해서 그렇게 합니다. 아무것이나 가리지 않고 먹는 사람도...

현대인의 성경

어느 한 날을 특별히 중요하게 생각하는 사람도 주님을 위해 그렇게 하고 가리지 않고 아무것이나 먹는 사람도...

로마서 14:21 (삭제)

> 고기도 먹지 아니하고 포도주도 마시지 아니하며 무엇으로든지 네 형제를 실족하게도 아니하고 **성나게도 아니하며 연약하게 하지 아니하는 것이** 좋으니라.

개역한글판

... 무엇이든지 네 형제로 거리끼게 하는 일을 아니함이 아름다우니라

개역개정판

... 무엇이든지 네 형제로 거리끼게 하는 일을 아니함이 아름다우니라

표준새번역

... 그 밖에 무엇이든지, 형제나 자매를 걸려 넘어지게 하는 일은, 하지 않는 것이 좋습니다.

공동번역

... 형제를 죄짓게 하는 일이라고 생각되면 고기도

현대인의 성경

... 여러분의 형제를 넘어지게 하거나 꺼림칙하게 하는 것이라면 고기도 먹지 말고

로마서 16:24 (삭제)

| **우리 주 예수 그리스도의 은혜가 너희 모두와 함께 있을지어다. 아멘.** |
|---|

개역한글판

없음

개역개정판

없음

표준새번역

없음

공동번역

없음

현대인의 성경

없음

고린도전서 6:20 (삭제)

| 너희는 값을 치르고 산 것이니 **그러므로 하나님의 것인 너희 몸과 너희 영으로** 하나님께 영광을 돌리라. |
|---|

개역한글판

... 그런즉 너희 몸으로 하나님께 영광을 돌리라.

개역개정판

... 그런즉 너희 몸으로 하나님께 영광을 돌리라

표준새번역

... 그러니 여러분의 몸으로 하나님을 영화롭게 하십시오.

공동번역

... 그러므로 여러분은 자기 몸으로 하느님의 영광을 드러내십시오.

현대인의 성경

... 그러므로 여러분의 몸으로 하나님께 영광을 돌리십시오.

## 고린도전서 8:7 (오역)

그러나 이 지식은 사람마다 있는 것이 아니기에 어떤 사람들은 우상에게 바쳐진 것으로 알고 지금까지 우상에 대한 **양심을 가지고** 먹으므로 그들의 약한 양심이 더러워졌느니라.

개역한글판

... 지금까지 우상에 대한 습관이 있어...

개역개정판

... 지금까지 우상에 대한 습관이 있어...

표준새번역

... 지금까지 우상을 섬기는 습관에 젖어 있어서...

공동번역

... 아직까지도 우상을 섬기던 관습에 젖어 있어서...

현대인의 성경

... 아직도 우상에 대한 습관이 남아 있어서...

### 고린도전서 10:28 (삭제)

> 그러나 만일 어떤 사람이 너희에게 말하기를 "이것은 우상들에게 바친 제물이다."라고 하거든 알려 준 그 사람과 양심을 위하여 먹지 말라. **이는 땅과 거기에 충만한 것이 다 주의 것임이니라.**

개역한글판

... 알게 한 자와 및 양심을 위하여 먹지 말라.

개역개정판

... 알게 한 자와 그 양심을 위하여 먹지 말라

표준새번역

... 그렇게 알려 준 사람과 그 양심을 생각해서, 드시지 마십시오.

공동번역

... 그 말을 한 사람과 그의 양심을 위해서 먹지 마십시오.

현대인의 성경

... 말한 사람과 양심을 위해 먹지 마십시오.

### 고린도전서 11:24 (삭제)

> 감사를 드린 후 떼어 말씀하시기를 "이것은 너희를 위하여 쪼개진 나의 몸이니 **받아 먹으라**. 이것을 행하여 나를 기억하라."고 하셨으며

개역한글판

... 이것은 너희를 위하는 내 몸이니 이것을 행하여 나를...

개역개정판

... 이것은 너희를 위하는 내 몸이니 이것을 행하여...

표준새번역

... "이것은 너희를 위하는 내 몸이다. 이것을 행하여...

공동번역

... "이것은 너희들을 위하여 주는 내 몸이니 나를 기억하여...

현대인의 성경

... "이것은 너희를 위한 내 몸이다. 너희는 이것을 행하여...

## 갈라디아서 3:1 (삭제)

| 오 어리석은 갈라디아 사람들아, 예수 그리스도께서 너희 가운데서 십자가에 못박히신 채로 너희의 눈 앞에 분명히 제시되었는데 **너희가 진리에 순종하지 못하도록** 누가 너희를 미혹하더냐? |
|---|

개역한글판

... 십자가에 못 박히신 것이 너희 눈 앞에 밝히 보이거늘 누가 너희를 꼬더냐

개역개정판

... 예수 그리스도께서 십자가에 못 박히신 것이 너희 눈 앞에 밝히 보이거늘 누가 너희를 꾀더냐

표준새번역

... 예수 그리스도께서 십자가에 못박히신 모습이 여러분의 눈 앞에 선한데, 누가 여러분을 홀렸습니까?

공동번역

... 십자가에 달리신 예수 그리스도의 모습이 여러분의 눈 앞에 생생하게 나타나 있는데 누가 여러분을 미혹시켰단 말입니까?

현대인의 성경

... 예수 그리스도께서 못박히신 것이 여러분의 눈 앞에 생생한데 누가 여러분을 유혹하였읍니까?

## 갈라디아서 3:17 (삭제)

| 이제 내가 이것을 말하노니 하나님께서 **그리스도 안에서** 미리 확정하신 언약을 사백삼십 년 후에 생긴 율법이 폐기시킬 수 없으며 그 약속을 무효화할 수 없느니라. |
|---|

개역한글판

... 하나님의 미리 정하신 언약을 사백삼십 년 후에...

개역개정판

... 하나님께서 미리 정하신 언약을 사백삼십 년 후에...

표준새번역

... 하나님께서 이미 맺으신 언약을, 사백삼십 년 뒤에...

공동번역

... 하느님께서 미리 맺어 주신 계약이 사백삼십 년 후에...

현대인의 성경

... 430년 후에 생긴 율법은 전에 하나님이 세운 계약을...

## 갈라디아서 4:7 (오역)

| 그러므로 너는 더 이상 종이 아니요 아들이니 아들이면 **그리스도를 통한** 하나님의 상속자니라. |
|---|

개역한글판

... 아들이면 하나님으로 말미암아 유업을 이을 자니라

개역개정판

... 아들이면 하나님으로 말미암아 유업을 받을 자니라

표준새번역

... 자녀이면, 하나님께서 세워 주신 상속자입니다.

공동번역

... 자녀라면 하느님께서 세워 주신 상속자인 것입니다.

현대인의 성경

... 아들이기 때문에 하나님은 여러분을 상속자로 삼으신 것입니다.

### 갈라디아서 6:15 (삭제)

| **그리스도 예수 안에서는** 할례나 무할례가 아무 효력이 없으되 오직 새로운 피조물뿐이니라. |
|---|

개역한글판

할례나 무할례가 아무것도 아니로되

개역개정판

할례나 무할례가 아무 것도 아니로되...

표준새번역

할례를 받거나 안 받는 것이 중요한 것이 아니라...

공동번역

할례를 받고 안받는 것이 문제가 아니라

현대인의 성경

할례를 받고 안받는 것이 문제가 아니라

### 에베소서 1:14 (오역)

| **이는 값 주고 사신 그 소유를 구속하기까지** 우리의 유업의 보증이 되사 그의 영광을 찬양케 하려 하심이니라. |
|---|

개역한글판

이는 우리의 기업에 보증이 되사 그 얻으신 것을 구속하시고

개역개정판

이는 우리 기업의 보증이 되사 그 얻으신 것을 속량하시고...

표준새번역

이 성령은 우리의 상속의 담보이어서, 우리로 하여금 구속을 받아...

공동번역

성령께서는 우리가 받을 상속을 보증해 주시고 하느님의 백성인 우리에게 완전한 자유를 누리게 하여 주십니다

현대인의 성경

성령께서는 하나님이 약속하신 것을 우리가 받을 것이라는 것을 보증하시고 하나님의 백성이 구원을 받아

## 에베소서 3:9 (난해)

| 또 예수 그리스도를 통하여 만물을 창조하신 하나님 안에서 세상이 시작될 때부터 감추어져 왔던 **신비의 교제**가 무엇인지 모든 사람에게 알게 하려는 것이니 |
|---|

개역한글판

... 하나님 속에 감취었던 비밀의 경륜이 어떠한 것을...

개역개정판

... 하나님 속에 감추어졌던 비밀의 경륜이 어떠한 것을...

표준새번역

... 하나님 안에 영원 전부터 감추어져 있는 비밀의 경륜이 무엇인지를...

공동번역

... 하느님께서 과거에 감추고 계시던 심오한 계획을 어떻게...

현대인의 성경

... 하나님 안에 오래 전부터 숨겨졌던 신비로운 계획이 어떤...

## 빌립보서 3:16 (삭제)

| 그러나 우리가 이미 어디에 이르렀든지 **같은 법칙으로 행하고 같은 것을 생각해야** 하리라. |
|---|

개역한글판

오직 우리가 어디까지 이르렀든지 그대로 행할 것이라

개역개정판

오직 우리가 어디까지 이르렀든지 그대로 행할 것이라

표준새번역

어찌했든지, 우리가 어느 단계에 이르렀든지, 같은 길로 계속 나아갑시다.

공동번역

어쨌든 우리가 이미 이룬 것을 바탕으로 해서 다 같이 앞으로 나아갑시다.

현대인의 성경

우리가 어느 정도의 수준에 도달했든지 지금까지 따른 법칙에 따라 계속 그대로 살도록 합시다.

### 골로새서 1:2 (삭제)

| 골로새에 있는 그리스도 안의 성도들과 신실한 형제들에게 *편지하노니,* 하나님 우리 아버지와 **주 예수 그리스도로부터** 은혜와 평강이 너희에게 있을지어다. |
|---|

개역한글판

... 편지하노니 우리 아버지 하나님으로부터 은혜와 평강이...

개역개정판

... 우리 아버지 하나님으로부터 은혜와 평강이...

표준새번역

... 우리 아버지 하나님께서 내려 주시는 은혜와 평화가...

공동번역

... 우리 아버지 하느님께서 여러분에게 은총과 평화를...

현대인의 성경

... 하나님 우리 아버지의 은혜와 평안이...

### 골로새서 1:14 (삭제)

| 그 안에서 우리가 **그의 보혈을 통하여** 구속, 곧 죄들의 용서함을 받았느니라. |
|---|

개역한글판

그 아들 안에서 우리가 구속 곧 죄 사함을 얻었도다

개역개정판

그 아들 안에서 우리가 속량 곧 죄 사함을 얻었도다

표준새번역

우리는 그 아들 안에서 구속, 곧 죄사함을 받았습니다.

공동번역

우리는 그 아들로 말미암아 죄를 용서받고 속박에서 풀려났습니다.

현대인의 성경

우리는 이 아들이 피 흘린 대가로 자유를 얻고 죄를 용서받았습니다.

### 골로새서 2:11 (삭제)

| 또한 너희가 그의 안에서 손으로 하지 아니한 할례를 받았으니 곧 그리스도의 할례로 육신의 **죄들의** 몸을 벗어 버린 것이라. |
|---|

개역한글판

... 할례를 받았으니 곧 육적 몸을 벗는 것이요 그리스도의 할례니라

개역개정판

... 곧 육의 몸을 벗는 것이요 그리스도의 할례니라

표준새번역

... 곧 육신의 몸을 벗어 버리는 그리스도의 할례를 받았습니다.

공동번역

... 여러분은 세속적인 육체를 벗어버리고...

현대인의 성경

... 육적인 죄의 몸을 벗어 버리는 그리스도의 할례를...

### 골로새서 3:6 (삭제)

| 이런 것들 때문에 하나님의 진노가 **불순종의 자녀들 위에** 임하느니라. |
|---|

개역한글판

이것들을 인하여 하나님의 진노가 임하느니라

개역개정판

이것들로 말미암아 하나님의 진노가 임하느니라

표준새번역

이런 것들 때문에 순종하지 않는 사람들에게 하나님의 진노가 내립니다.

공동번역

하느님을 거역하는 자들에게 내리시는 하느님의 진노를 살 것입니다.

현대인의 성경

이런 것 때문에 하나님의 노여우심을 사게 됩니다.

### 데살로니가전서 1:1 (삭제)

| 바울과 실루아노와 디모데는 하나님 아버지와 주 예수 그리스도 안에 있는 데살로니가인들의 교회에 *편지하노니*, **하나님 우리 아버지와 주 예수 그리스도로부터** 은혜와 평강이 너희에게 있을지어다. |
|---|

개역한글판

... 교회에 편지하노니 은혜와 평강이 너희에게 있을지어다.

개역개정판

... 은혜와 평강이 너희에게 있을지어다

표준새번역

... 은혜와 평화가 여러분에게 있기를 빕니다.

공동번역

... 주님의 은총과 평화가 여러분에게 깃들기를 빕니다.

현대인의 성경

... 하나님 우리 아버지와 주 예수 그리스도의 은혜와 평안이

## 데살로니가전서 3:2 (삭제)

| 우리의 형제이며 하나님의 일꾼이요 그리스도의 복음 안에서 **우리의 동역자인** 디모데를 보내었노니 이는 너희를 굳게 세우고 너희의 믿음에 대하여 격려함으로 |
|---|

개역한글판

... 그리스도 복음의 하나님의 일군인 디모데를...

개역개정판

... 그리스도의 복음을 전하는 하나님의 일꾼인 디모데를...

표준새번역

... 그리스도의 복음을 전하는 하나님의 일꾼인 디모데를...

공동번역

... 그리스도의 복음을 전하는 하느님의 일꾼 디모데오를...

현대인의 성경

... 그리스도의 기쁜 소식을 위해 일하는 동역자 디모데를...

## 디모데전서 3:3 (삭제)

| 술을 즐기지 아니하며, 구타하지 아니하고, **더러운 이익을 탐내지 아니하며**, 오직 관대하고, 다투지 아니하며, 탐욕스럽지 아니하고 |
|---|

개역한글판

... 구타하지 아니하며 오직 관용하며 다투지 아니하며...

개역개정판

... 구타하지 아니하며 오직 관용하며...

표준새번역

... 난폭하지 않고 너그러우며...

공동번역

... 난폭하지 않고 온순하며 남과 다투지 않고...

현대인의 성경

... 구타하는 일이 있어서는 안 되며 오히려 관용을 베풀고...

## 디모데전서 3:16 (오역)

| 경건의 신비는 논쟁의 여지없이 위대하도다. **하나님께서는 육신으로 나타나셨고** 성령으로 의롭게 되셨으며, 천사들에게 보이셨고 이방인들에게 전파되셨으며, 세상에서 믿은 바 되셨고 영광 가운데로 들려 올라가셨음이라. |
|---|

개역한글판

... 그는 육신으로 나타난 바 되시고 영으로 의롭다 하심을...

개역개정판

... 그는 육신으로 나타난 바 되시고...

표준새번역

... 그는 육신으로 나타나시고...

공동번역

... 그분은 사람으로 이 세상에 오셨고, 성령이 그분의...

현대인의 성경

... 그리스도는 육신으로 나타나셔서...

## 디모데전서 6:5 (삭제)

| 마음이 부패하고, 진리를 상실하며, 이익이 경건이라 생각하는 사람들 사이에 무익한 논쟁이 일어나느니라. **그런 데서 네 자신은 빠져 나오라.** |
|---|

개역한글판

... 경건을 이익의 재료로 생각하는 자들의 다툼이 일어나느니라.

개역개정판

... 경건을 이익의 방도로 생각하는 자들의 다툼이 일어나느니라

표준새번역

... 경건을 이득의 수단으로 생각하는 사람 사이에 끊임없는 알력이 생깁니다.

공동번역

... 종교를 한낱 이득의 수단으로 생각하는 사람들 사이에는 분쟁이 있게 마련입니다.

현대인의 성경

... 신앙을 이익의 수단으로 생각하는 사람들에게는 다툼이 그칠 날이 없습니다.

### 디모데후서 1:11 (삭제)

| 이를 위하여 내가 **이방인들의** 전도자와 사도와 교사로 임명을 받았느니라. |
|---|

개역한글판

내가 이 복음을 위하여 반포자와 사도와 교사로 세우심을 입었느니라.

개역개정판

내가 이 복음을 위하여 선포자와 사도와 교사로 세우심을 입었노라

표준새번역

나는 이 복음을 전하는, 선포자와 사도와 교사로 임명을 받았습니다.

공동번역

나는 이 복음을 위해서 전도자와 사도와 교사로 임명을 받았습니다.

현대인의 성경

나는 이 기쁜 소식을 위해 전도자와 사도와 교사의 직분을 맡았습니다.

### 디모데후서 4:22 (삭제)

| **주 예수 그리스도께서** 네 영과 함께 계시고 은혜가 너희와 함께 있을지어다. 아멘. |
|---|

개역한글판

나는 주께서 네 심령에 함께 계시기를 바라노니... 있을지어다.

개역개정판

나는 주께서 네 심령에 함께 계시기를 바라노니... 있을지어다

표준새번역

주께서 그대의 영과 함께 계시기를 바라며... 있기를 빕니다.

공동번역

주께서 그대의 마음 속에 계시기를 빌며... 빕니다.

현대인의 성경

주님이 그대와 함께 계시기를 바라며... 기도합니다.

### 빌레몬서 1:12 (삭제)

| 내가 그를 다시 보내노니 그러므로 **너는 그를 받아들이라.** 그는 내 마음 같은 자라. |
|---|

개역한글판

네게 저를 돌려 보내노니 저는 내 심복이라.

개역개정판

네게 그를 돌려 보내노니 그는 내 심복이라

표준새번역

나는 그를 그대에게 돌려보냅니다. 그는 나의 마음입니다.

공동번역

나는 그를 그대에게 돌려 보냅니다

현대인의 성경

그래서 내 심장과 같은 그를 그대에게 돌려 보냅니다.

### 히브리서 2:7 (삭제)

| 주께서 그를 천사들보다 조금 낮게 지으셨고 그를 영광과 존귀로 관을 씌우셨으며, **주의 손으로 하신 일들을 그에게 넘겨주셨고** |
|---|

개역한글판

... 영광과 존귀로 관 씌우시며

개역개정판

... 영광과 존귀로 관을 씌우시며

표준새번역

... 영광과 존귀로써 그에게 관을 씌우셨으며,

공동번역

... 영광과 영예의 관을 씌우셨으며

현대인의 성경

... 영광과 존귀의 관을 그에게 씌우셨으며

### 히브리서 3:16 (오역)

| **이는 어떤 자들이 말씀을 들을 때에 격노케 하였음이라. 그러나 모세에 의하여 이집트에서 나온 모든 사람이 그리한 것은 아니었느니라.** |
|---|

개역한글판

듣고 격노케 하던 자가 누구뇨 모세를 좇아 애굽에서 나온 모든 이가 아니냐

개역개정판

듣고 격노하시게 하던 자가 누구냐 모세를 따라 애굽에서 나온 모든 사람이 아니냐

표준새번역

듣고서도 하나님께 반역한 사람들은 누구였습니까? 모세의 인도로 이집트에서 나온 사람 모두가 아니었습니까?

공동번역

그분의 음성을 듣고도 반역한 자들은 누구였습니까? 모두 모세의 인도를 받아 에집트를 빠져 나온 사람들이 아니었읍니까?

현대인의 성경

말씀을 듣고도 하나님을 노엽게 한 사람이 누구였습니까? 모세를 따라 이집트에서 나온 모든 사람들이 아니었읍니까?

## 히브리서 7:21 (삭제)

그들은 맹세 없이 제사장들이 되었으나, 이분은 자기에게 말씀하신 그분에 의하여 맹세로 된 것이니 "주께서 맹세하셨으니 후회하지 아니하시리라. '너는 **멜키세덱의 계열에 따른** 영원한 제사장이라.'"하셨도다.

개역한글판

... 뉘우치지 아니하시리니 네가 영원히 제사장이라 하셨도다.

개역개정판

... 네가 영원히 제사장이라 하셨도다)

표준새번역

... 너는 영원히 제사장이다" 하셨습니다.

공동번역

... " '너는 영원한 사제다'하고 주님께서 맹세하셨다

현대인의 성경

... '너는 영원한 제사장이다.'

## 히브리서 10:15 (삭제)

그것에 관하여 성령께서도 우리에게 증거자가 되셨으니, **이는 그후에 그가 미리 말씀하시기를**

개역한글판

또한 성령이 우리에게 증거하시되

개역개정판

　　또한 성령이 우리에게 증언하시되

표준새번역

　　그리고 성령도 우리에게 증언하여 주십니다. 먼저 이렇게 말씀하셨습니다.

공동번역

　　그리고 성령께서도 이렇게 말씀하시며 증언해 주셨습니다.

현대인의 성경

　　그리고 성령님도 우리에게 이렇게 증거하고 계십니다.

### 베드로전서 1:22 (삭제)

| 너희가 **성령을 통하여** 진리에 순종함으로써 너희 혼들을 정결케 하여 가식 없는 형제 사랑에 이르렀으니 순결한 마음으로 서로 뜨겁게 사랑하라. |
|---|

개역한글판

　　너희가 진리를 순종함으로...

개역개정판

　　너희가 진리를 순종함으로...

표준새번역

　　여러분은 진리에 복종함으로써...

공동번역

　　여러분은 진리에 복종함으로써...

현대인의 성경

　　여러분은 진리에 순종하여...

### 베드로전서 2:2 (오역, 첨가)

| 갓난 아기들로서 순수한 **말씀의 젖을** 사모하라. 이는 너희가 그것으로 인하여 자라게 하려 함이니라. |
|---|

개역한글판

갓난 아이들같이 순전하고 신령한 젖을 사모하라 이는 이로 말미암아 너희로 구원에 이르도록 자라게 하려 함이라

개역개정판

갓난 아기들 같이 순전하고 신령한 젖을 사모하라 이는 그로 말미암아 너희로 구원에 이르도록 자라게 하려 함이라

표준새번역

갓난 아기와 같이 순수하고, 신령한 젖을 그리워하십시오. 여러분이 그것을 먹고 자라서, 구원에 이르게 하려는 것입니다.

공동번역

그리고 갓난아이처럼 순수하고 신령한 젖을 구하십시오. 그러면 그것으로 자라나서 구원을 얻게 될 것입니다.

현대인의 성경

갓난 아기들처럼 순수한 말씀의 젖을 사모하십시오. 그러면 여러분의 신앙이 자라 구원을 받게 될 것입니다.

### 베드로전서 4:14 (삭제)

| 너희가 그리스도의 이름을 위하여 욕을 당하면 복이 있느니라. 이는 영광의 영 곧 하나님의 영께서 너희 위에서 안식하고 계시기 때문이니라. **그들의 편에서는 그분께서 비방을 당하시나, 너희의 편에서는 영광을 받으시느니라.** |
|---|

개역한글판

... 영광의 영이 너희 위에 계심이라

개역개정판

... 하나님의 영이 너희 위에 계심이라

표준새번역

... 하나님의 영이 여러분 위에 머물러 계시기 때문입니다.

공동번역

... 하느님의 성령이 여러분에게 머물러 계시기 때문입니다.

현대인의 성경

... 하나님의 성령이 여러분에게 머물러 계시기 때문입니다.

### 요한일서 4:3 (삭제)

| 예수 그리스도께서 **육신으로 오신 것을** 시인하지 아니하는 모든 영은 하나님께 속한 것이 아니니, 이것이 곧 적그리스도의 영이니라. 그것이 오리라는 것을 너희가 들었으나 지금 그것이 이미 세상에 있느니라. |
|---|

개역한글판

예수를 시인하지 아니하는 영마다...

개역개정판

예수를 시인하지 아니하는 영마다...

표준새번역

그러나 예수를 시인하지 않는 영은...

공동번역

예수께서 그런 분이시라는 것을 인정하지 않는 사람은...

현대인의 성경

그러나 예수님을 그런 분으로 인정하지 않는 사람은...

### 요한일서 5:7 (삭제)

| **이는 하늘에서 증거하시는 이가 세 분이시니, 아버지와 말씀과 성령이시요, 이 세 분은 하나이심이라.** |
|---|

개역한글판

증거하는 이는 성령이시니 성령은 진리니라

개역개정판

증언하는 이가 셋이니

표준새번역

증언하는 이가 셋인데,

공동번역

증언자가 셋 있습니다.

현대인의 성경

이 사실을 증거하시는 분은 성령님이십니다. 이것은 성령님 자신이 진리이시기 때문입니다.

요한일서 5:8 (삭제)

**또 땅에서 증거하는 것도** 셋이니, 성령과 물과 피요, 이 셋은 하나 안에서 일치하느니라.

개역한글판

증거하는 이가 셋이니

개역개정판

성령과 물과 피라 또한 이 셋은 합하여 하나이니라

표준새번역

곧 성령과 물과 피입니다. 이 셋은 일치합니다.

공동번역

곧 성령과 물과 피인데 이 셋은 서로 일치합니다.

현대인의 성경

여기에는 세 증인이 있는데 그것은 성령과 물과 피입니다

요한일서 5:13 (삭제)

내가 하나님의 아들의 이름을 믿는 너희에게 이런 것들을 씀은 너희에게 영생이 있음을 알게 하려 함이며, **또한 너희가 하나님의 아들의 이름을 믿도록 하려 함이라.**

개역한글판

... 너희로 하여금 너희에게 영생이 있음을 알게 하려 함이라

개역개정판

... 영생이 있음을 알게 하려 함이라

표준새번역

... 영원한 생명을 가지고 있음을 알게 하려는 것입니다.

공동번역

... 영원한 생명을 갖고 있다는 것을 여러분에게 알리려는 것입니다.

현대인의 성경

... 영원한 생명을 가졌다는 것을 알게 하려고 이 글을 씁니다.

### 유다서 1:1 (오역)

> 예수 그리스도의 종이요 야고보의 형제인 유다는, 하나님 아버지에 의하여 **거룩하게 되고** 예수 그리스도 안에서 보호받고, 부르심을 받은 자들에게 *편지하노니*,

개역한글판

... 유다는 부르심을 입은 자 곧 하나님 아버지 안에서 사랑을 얻고...

개역개정판

... 유다는 부르심을 받은 자 곧 하나님 아버지 안에서 사랑을 얻고 ...

표준새번역

... 유다는, 부르심을 받은 사람들, 곧 하나님 아버지께서 사랑하시고 ...

공동번역

... 하느님 아버지께서 여러분을 사랑하시고...

현대인의 성경

... 여러분은 하나님 아버지의 사랑과...

### 유다서 1:7 (난해)

| 소돔과 고모라와 또 그 같은 방식을 따르는 그 주위의 성읍들까지도 자신들을 음행에 내어주어 **다른 육체를** 따라가다가 영원한 불의 형벌을 받음으로 한 본보기가 되었느니라. |
|---|

개역한글판

... 간음을 행하며 다른 색을 따라 가다가...

개역개정판

... 그들과 같은 행동으로 음란하며 다른 육체를 따라 가다가...

표준새번역

... 그들과 마찬가지로 음란함에 빠져서 다른 육체를 좇았으므로...

공동번역

... 음란에 흐르고 비정상적인 육욕에 빠졌으므로...

현대인의 성경

... 온갖 음란한 짓을 일삼다가...

### 유다서 1:25 (첨가, 삭제)

| 곧 홀로 **지혜로우신** 하나님 우리 구주께 영광과 위엄과 다스림과 권세가 지금과 또한 영원토록 있을지어다. 아멘. |
|---|

개역한글판

곧 우리 구주 홀로 하나이신 하나님께... 권세가 만고 전부터 이제와...

개역개정판

곧 우리 구주 홀로 하나이신 하나님께... 권력과 권세가 영원 전부터 이제와...

표준새번역

곧 우리의 구주이시고 오직 한 분이신 하나님께... 권세가 우리 주 예수 그리스도로 말미암아 영원 전에서부터 이제와...

공동번역

오직 한 분이신 하느님께서... 권위를 천지창조 이전부터 이제와...

현대인의 성경

곧 우리의 구주가 되시는 유일하신 하나님께... 권세가 과거의 모든 시대로부터 현재와...

## 요한계시록 1:8 (삭제)

| 나는 알파와 오메가요, **시작과 끝이라**. 주, 곧 지금도 계시고 전에도 계셨고 앞으로 오실 전능하신 분이 말하노라. |
|---|

개역한글판

나는 알파와 오메가라 이제도 있고...

개역개정판

주 하나님이 이르시되 나는 알파와 오메가라 이제도 있고...

표준새번역

... 주 하나님께서 "나는 알파요 오메가다" 하고 말씀하십니다.

공동번역

"나는 알파요 오메가다" 하고 말씀하셨습니다...

현대인의 성경

"나는 처음과 마지막이다. 지금도 있고...

## 요한계시록 1:11 (삭제)

| 말씀하시기를 "**나는 알파와 오메가요 처음과 마지막이라.** 그러므로 네가 보는 것을 책에 써서 아시아에 있는 일곱 교회, 곧 에베소와 스머나와 퍼가모와 두아티라와 사데와 필라델피아와 라오디케아에 보내라." 하시더라. |
|---|

개역한글판

가로되 너 보는 것을 책에 써서...

개역개정판

이르되 네가 보는 것을 두루마리에 써서...

표준새번역

이르시기를 "네가 보는 것을 책에 기록하여...

공동번역

그 음성은 나에게 "네가 보는 것을 책으로 기록하여...

현대인의 성경

그것은 "네가 보는 것을 책에 써서...

### 요한계시록 2:15 (삭제)

| 그리고 네게 역시 니콜라파의 교리를 지키는 자들도 있도다. **내가 그 것을 미워하노라.** |
|---|

개역한글판

이와 같이 네게도 니골라당의 교훈을 지키는 자들이 있도다

개역개정판

이와 같이 네게도 니골라 당의 교훈을 지키는 자들이 있도다

표준새번역

이와 같이, 네게도 니골라 당의 가르침을 따르는 자들이 있다.

공동번역

또 너희 중에도 니골라오파의 가르침을 따르는 자들이 있다.

현대인의 성경

그런데 너희 가운데도 니골라파의 가르침을 따르는 사람들이 있다.

### 요한계시록 11:17 (삭제)

| 말씀드리기를 "지금도 계시고, 전에도 계셨고, **앞으로 오실**, 오 전능하신 주 하나님, 우리가 주께 감사드리는 것은 주께서 주의 크신 권세를 가지고 통치하셨기 때문이니이다. |
|---|

개역한글판

가로되 감사하옵나니 옛적에도 계셨고 시방도 계신 주 하나님 전능하신 이여...

개역개정판

이르되 감사하옵나니 옛적에도 계셨고 지금도 계신 주 하나님 곧 전능하신 이여...

표준새번역

말하였습니다. "지금도 계시고 전에도 계시던 전능하신 분...

공동번역

"지금도 계시고 전에도 계셨던 전능하신 주 하느님...

현대인의 성경

"지금도 계시고 전에도 계신 전능하신 주 하나님께...

### 요한계시록 14:5 (삭제)

| 그들의 입에서 교활함을 찾아볼 수 없는 것은 **그들이 하나님의 보좌 앞에서** 흠이 없기 때문이라. |
|---|

개역한글판

그 입에 거짓말이 없고 흠이 없는 자들이더라

개역개정판

그 입에 거짓말이 없고 흠이 없는 자들이더라

표준새번역

그들의 입에서는 거짓말을 찾을 수 없고, 그들에게는 흠잡을 데가 없었습니다.

공동번역

그들의 입에서는 거짓말을 찾아 볼 수 없었으며 그들은 아무런 흠도 없는 사람들입니다.

현대인의 성경

거짓말을 하지 않고 흠이 없는 자들입니다.

**요한계시록 20:9 (삭제)**

| 그들이 땅의 넓은 데로 올라가서 성도들의 진영과 사랑하시는 도성을 포위하니, 하늘에서 불이 **하나님께로부터** 내려와 그들을 삼켜 버리더라. |
|---|

개역한글판

... 하늘에서 불이 내려와...

개역개정판

... 하늘에서 불이 내려와...

표준새번역

... 하늘에서 불이 내려와서...

공동번역

... 그 때에 하늘로부터 불이 내려 와서...

현대인의 성경

... 하늘에서 불이 내려와...

**요한계시록 20:12 (오역)**

| 또 내가 죽은 자들을 보니, 작은 자나 큰 자나 **하나님 앞에** 서 있는데, 책들이 펴져 있으며 또 다른 책도 펴져 있는데 그것은 생명의 책이라. 죽은 자들은 자기들의 행위에 따라 그 책들에 기록된 대로 심판을 받더라. |
|---|

개역한글판

또 내가 보니 죽은 자들이 무론대소하고 그 보좌 앞에 섰는데...

개역개정판

또 내가 보니 죽은 자들이 큰 자나 작은 자나 그 보좌 앞에 서 있는데...

표준새번역

나는 또, 죽은 사람들이 큰 자나 작은 자나 할 것 없이, 다 그 보좌 앞에 서 있는 것을....

공동번역

인물의 대소를 막론하고 모두 그 옥좌 앞에 서 잇는 것을...

현대인의 성경

그리고 나는 죽은 사람들이 모두 그 보좌 앞에 서 있고...

### 요한계시록 21:24 (삭제)

| 그리하여 **구원받은 자들의** 민족들이 그 도성의 빛 가운데서 걷겠으며 땅의 왕들이 그들의 영광과 존귀를 그곳으로 가져오리라. |
|---|

개역한글판

만국이 그 빛 가운데로 다니고...

개역개정판

만국이 그 빛 가운데로 다니고...

표준새번역

민족들이 그 빛 가운데로 다닐 것이요...

공동번역

만국 백성들이 그 빛 속에서...

현대인의 성경

세상의 모든 민족이 그 빛 가운데로...

제 4 장

# 참된 하나님의 말씀

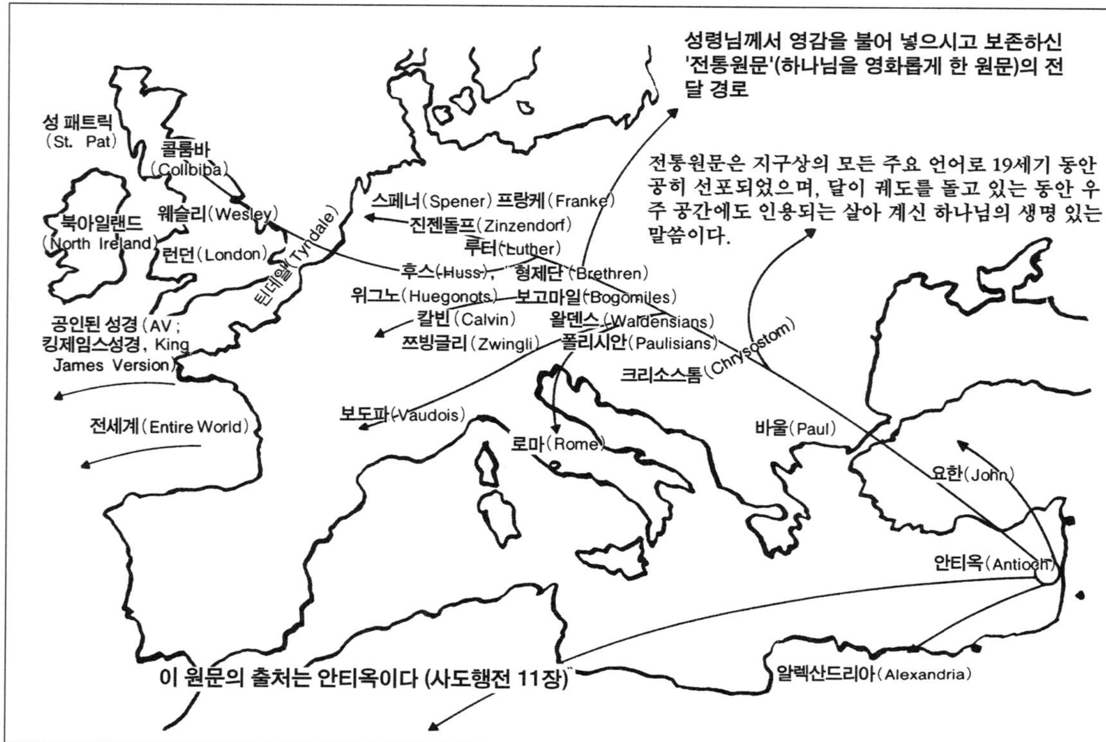
성령님께서 영감을 불어 넣으시고 보존하신
'전통원문'(하나님을 영화롭게 한 원문)의 전
달 경로
전통원문은 지구상의 모든 주요 언어로 19세기 동안
공히 선포되었으며, 달이 궤도를 돌고 있는 동안 우
주 공간에도 인용되는 살아 계신 하나님의 생명 있는
말씀이다.
성 패트릭
(St. Pat)
콜롬바
(Collbiba)
북아일랜드
(North Ireland)
웨슬리(Wesley)
런던(London)
틴데일(Tyndale)
공인된 성경(AV;
킹제임스성경, King
James Version)
전세계(Entire World)
스페너(Spener) 프랑케(Franke)
진젠돌프(Zinzendorf)
루터(Luther)
후스(Huss), 형제단(Brethren)
위그노(Huegonots) 보고마일(Bogomiles)
칼빈(Calvin)
왈덴스(Waldensians)
쯔빙글리(Zwingli)
폴리시안(Paulisians)
크리소스톰(Chrysostom)
보도파(Vaudois)
로마(Rome)
바울(Paul)
요한(John)
안티옥(Antioch)
알렉산드리아(Alexandria)
이 원문의 출처는 안티옥이다 (사도행전 11장)

# 제 4 장
# 참된 하나님의 말씀

거듭난 성도들은 하나님께서 하나님의 말씀을 영감으로 기록하셨으며 섭리적인 방법으로 보존하셨다는 사실을 믿는다. 성경을 기록할 때에 사용된 재료는 마모되기 쉬운 것이었기 때문에 섭리적인 방법 없이 성경이 보존된다는 것은 어려운 일이었다. 그러나 어려운 시대적 환경을 거쳐오면서도 보관하기조차 어려운 재료에다 기록한 말씀이 보존되어 왔으며 수많은 변개에도 불구하고 변개되지 않은 말씀으로 보존되어 왔다. 이처럼 하나님의 말씀이 영감으로 기록되고 신약성경이 정경화되어 하나님의 섭리적인 방법으로 보존된 사실은 곧 하나님께서 기록하게 하시고 모으시고 지켜주셨다는 것으로서 분명한 하나님의 은총과 역사가 아닐 수 없다.

## 1. 최초의 신약 원본은 여러 지역에서 소유하고 있었다.

하나님께서 그의 거룩한 사도들을 통해 영감으로 기록하신 최초의 신약 원본은 여러 지역에서 소유하고 있었다. 지역적으로 분류해 보면 소아시아 교회들에서 요한복음, 갈라디아서, 에베소서, 골로새서, 디모데전서, 디모데후서, 베드로전서, 요한일,이,삼서, 요한계시록 등 12본을 소유하고 있었을 것으로 보면 과히 틀리지 않을 것이다. 그리스에서는 고린도전서, 고린도후서, 빌립보서, 데살로니가전서, 데살로니가후서 등 6본을 소유하고 있었을 것으로 추정할 수 있다. 다음으로 크레테에서 디도서 한 본을 소유하고 있었을 것이며 그 다음으로 로마에는 마가복음과 로마서 두 본이 있었을 것이다. 그 나머지 원본인 누가복음, 사도행전, 베드로후서는 소아시아나 로마에, 마태복음과 야고보서는 소아시아나 팔레스타인에, 히브리서는 로마나 팔레스타인에 있었을 것으로 추정되며 유다서만은 소아시아에 있었을 것으로 추정하기는 어렵다.

좀더 정리해보면 소아시아와 그리스를 합친 에게 해 지역에 적어도 18본의 원본이 있었을 것으로 보이며 많으면 24본까지 있었을 가능성이 있다. 로마에는 2본에서 최고 7본까지, 팔레스타인에는 3본이 있었을 것으로 보인다. 반면에 알렉산드리아에는 한 본도 없었던 것으로 보인다. 그러므로 에게 해 지역이 단연 으뜸이고 알렉산드리아에는 전무한 상태이다. 우리는 여기서 한 가지 중요한 사실을 발견할 수 있는데 그것은 신약성경의 최초의 전달 과정 기간 동안에 최초의 원본에서 나온 가장 믿을 만한 원본을 지니고 있었던 지역으로부터 사본이 보급되었을 것이라는 사실이다.

## 2. 필사본의 복사는 세심한 주의가 요구되었다.

본래의 필사본 원본에서 복사본을 만들 때 유대인 서기관들은 자기들이 할 수 있는 최고의 정성과 최선의 주의를 기울였다. 그들은 하나님의 이름을 온전한 글로 기록하려고 경건한 마음으로 펜을 닦아내고 "여호와"란 이름을 쓰기에 앞서 몸 전체를 씻었고 그 거룩하신 이름을 기록하는 데 있어서도 더럽혀지지 않도록 하였다. 새로운 복사본을 만든 후에는 즉시 원문과 철저하게 대조하였다. 알려진 바로는 만일 한 글자라도 오자가 발견되면 전체를 파기하였다고 한다. 새로운 복사본은 '깨끗한' 동물에서 나온 가죽에다 특별한 잉크로 기록된 인정받은 필사본에서 만들어야 했다. 복사하는 사람은 기록하기 전에 큰 소리로 그 단어를 그대로 기록하지 못했다. 또 단어뿐만 아니라 자구 하나까지도 글자 수를 헤아렸고 그 자구가 몇 번이나 쓰였는지도 원문과 대조하여 헤아렸다. 그리하여 그들은 모세오경(Pentateuch)의 한중간에 있는 글자를 확인하였고 각 책의 중간 구절과 중간 글자를 찾아냈으며 또 전체 히브리어 성경(구약)에 히브리어 자구가 몇 번이나 나오는지도 찾아냈던 것이다.

## 3. 전통원문은 하나님의 전통이다.

사도들이 최초의 원본과 서신을 교회로 보냈을 때 이 서신들은 이 교회에서 저 교회로 옮겨가며 복사본으로 만들어졌다. 그것은 클레멘트나 바나바가 자기들의 생애에서 신약성경 가운데 여러 서신을 인용하고 비유했던 것으로 보아 그러한 사본들이 회람되고 있었음을 입증시켜 준다.

사도 바울이 기록한 서신들이 A.D. 70년 이전에 이미 사도 베드로에게 성경으로 알려졌으며 폴리캅도 빌립보 교회에서 받은 서신에 답하면서 이그나티우스가 기록한 한 질의 서신을 그들에게 보냈던 것을 알 수 있다. 이 서신은 이그나티우스가 빌립보 교회에다 기록한 후 5년이 지난 것으로 보인다. 그러므로 각 교회가 독자적으로 복사본을 만들고 귀한 기록물들을 집성해서 한 질의 복사본을 가졌다면 그것은 정상적인 방법이요 절차였으므로 신뢰할 수 있는 것이다. 따라서 100년경에는 여러 가지 신약 서신의 복사본들이 있었음을 짐작할 수 있다.

이와 같이 신약 원문 보존은 세심한 주의 가운데 하나님의 섭리적인 방법으로 성도들이 처음으로 그리스도인이라고 불려졌던 안디옥 교회에서 시작되었다. 성경 보존의 기록과 그 역사를 살펴보아도 그 곳에서 원문이 변개되었다는 근거는 전혀 찾아볼 수 없다. 이러한 원문은 안디옥 교회로부터 발칸을 거쳐 독일로 들어왔고 독일에서 영국으로 들어갔다. 그 원문은 초대 교회에서 사용했던 원문이며 비잔틴제국 기간(A.D. 312-1453) 동안 희랍의 교회들에서도 사용했던 동일한 원문이었고 마틴 루터와 개혁교회들이 사용했던 원문이었다. 따라서 이 원문이 개신교회(Protestant Churches)의 원문이었음은 두말할 나위도 없다. 이를 가리켜 전통원문(The Traditional Text)이라고 하는데 이것은 인간의 전통을 뜻하는 것이 아니고 성경 원문의 맥을 이어오는 하나님의 전통(Divine Tradition)에 의해 보존되었음을 말한다.

이 원문은 초대 교회 이후 한 번도 그 맥이 끊어진 적이 없다. A.D. 120년에 프랑스 리옹, 150년에 북부 이태리, 170년에 스코틀랜드와 아일랜드. 200년에 시리아, 312년부터 1453년까지 콘스탄티노플-비잔틴제국 기간, 1384년 위클리프 성경(Wycliffe's Bible), 1525년 틴데일 성경(Tyndale's Bible), 1569년 비숍 성경(Bishop's Bible), 1611년 <킹제임스성경>을 번역할 때 그 이전에 나온 성경들에서 어휘를 빌려왔는데 위클리프 성경에서 4%, 틴데일 성경에서 18%, 제네바 성경에서 19%, 비숍 성경에서 13% 등이다. 이 말은 곧 이들 성경들의 원문의 맥락이 같다는 것을 뜻한다. 이들 영어 성경이 번역된 헬라어 성경은 원문 보존을 그대로 전승해 온 전통원문이었다. 무엇보다도 전통원문이 비잔틴 제국 기간 동안(312-1453)에 제국에서 전적으로 사용되었다는 그 사실만으로도 그 존재와 가치에 대하여 논란의 여지가 없는 것이다.

## 4. 신약 사본의 근거

신약 사본의 근거는 많은 고대 자료들에서 비롯되는데 대개가 부분 부분으로 되어 있고 신약 전체를 담은 자료는 몇 개 안된다. 이들 자료들은 고대 헬라어 사본들과 다른 언어로 번역된 초기 사본들이며, 초대 교회 지도자들의 글이 실린 인용문들이나 헬라어나 라틴어로 된 대부분의 자료들과 헬라어로 된 고대 성경공부 서적들이다.

현존하는 헬라어 사본들의 총수는 5,360개를 넘고 있다. 2세기에서 7세기까지의 80개가 넘는 파피루스 사본들과 4세기에서 10세기에 걸친 260개 이상의 대문자 필사본, 9세기에서 16세기까지의 2,700여 개가 되는 소문자 필사본들, 신약을 회중 가운데서 읽기 위해 만들어진 2,100여 개의 설교문들이 포함되어 있다. 또한 1,000여 개의 복음서 사본들, 600여 개의 바울 서신들, 350여 개의 사도행전과 일반 서신들, 200여 개의 요한계시록 등으로 구성된다.

엄청난 신약 사본의 숫자는 특별한 것으로서 어떤 다른 고문서도 이에 비교할 수 없다. 매우 흥미 있고 중요한 사실은 현존하는 모든 사본들의 대다수가 내용이 거의 일치하고 있다는 점이다. 이러한 원문을 '다수필사본'(Majority Text) 또는 '전통원문'(Traditional Text)이라고 부르며, '인정받은 원문'(Received Text) 혹은 '표준원문'(Textus Receptus)으로 알려진 헬라어 원문의 근거이다. '비잔틴 원문'(Byzantine)이라고 부르기도 하는데 이는 희랍교회가 일반적으로 비잔틴제국 시대에 이 원문을 사용했던 데서 이름 붙여진 것이다. 1453년 콘스탄티노플 황제가 물러나자 희랍학자들은 신약 원문을 포함해서 그들의 언어와 문화를 서방제국에 전했으며 비잔틴 학문이 서유럽에 끼친 영향은 지대하였고 급속도로 확산되었다. 또한 종교개혁 시대에는 이  원문이 로마카톨릭을 거부하는 모든 교회에서 사용되었다.

## 5. 전통원문 계열의 표준원문

신약이 헬라어로 처음 인쇄되어 출판된 것은 1516년 스위스의 바젤에서였다. 화란의 신학자 에라스무스(Desiderius Erasmus, 1469-1536)가 편수하여 인쇄했던 것으로 그는 재판을 여러 번 찍었다. 그후 성경의 절을 구분하는 데 공헌한 사람으로서 파리의 인쇄업자인 스테파누스(Robert Stephanus, 1503-1559)가 1550년에 또 하나의 헬라어 신약성경을 펴냈는데 이것은 스테파누스 제3판으로서 앞선 에라스무스의 22판과 별로 다른 것이 없었다. 그 다음으로 프랑스 학자 베자(Theodore Beza, 1519-1605)

가 1556년에서 1611년 사이에 무려 10판이나 출판했는데 이 성경이 1562년 제네바 성경에 사용한 헬라어 성경이며 그 중에서도 1598년판 신약성경이 1611년 〈킹제임스성경〉(King James Version : Authorized Version)에 사용된 헬라어 성경이다. 이후에 1633년 화란의 산학자 엘지버(Elzevirs) 형제가 스테파누스 3판을 근거로 해서 발행한 제2판에서 표준원문이라는 이름이 붙게 되었다. 특히 1550년의 스테파누스 판과 1624년의 엘지버 판은 매우 가까운 것으로 이 두 가지를 표준원문이라고 불렀다. 여기에서 주목할 점은 에라스무스, 스테파누스, 베자, 엘지버에 의하여 편수된 헬라어 성경은 모두 같은 계통의 원문으로서 전통원문을 근거로 한 전통원문 계열의 헬라어 표준원문이라는 사실이다. 이때부터 이 원문의 권위는 영국은 물론이요 대륙에서도 신실한 믿음을 지닌 사람들에게는 지배적이었다.

## 6. 사도들로부터 유래된 표준원문

헬라어 표준원문(Textus Receptus)은 라틴어로 인정받은 원문을 말한다. 이 원문이 1611년에 〈킹제임스성경〉의 번역에 기본 원문으로 사용된 헬라어 원문이다. 그러나 헬라어로 기록된 정경 필사본의 수집은 1642년 엘지버(Elzevirs) 형제들 때까지는 표준원문이란 명칭을 얻지 못했다. 엘지버 형제가 펴낸 헬라어 신약성경의 서문에 영어로 번역한 다음과 같은 말이 기록되어 있다. "그러므로 여러분은 우리가 전혀 변개시키지도 않고 변질시키지도 않은 원문, 즉 모든 사람이 인정할 수 있는(receptum) 원문(textum)을 갖고 계십니다." 이 "Textum Receptum"에서 우리가 현재 사용하고 있는 "표준원문"(Textus Receptus)이란 용어가 온 것이다.

표준원문은 처음에 그릭 벌게이트(Greek Vulgate)라고 알려졌다. 벌게이트는 인기가 있다는 뜻이며, 통상적이거나 잘 알려진 혹은 대다수의 사람들에 의하여 가장 많이 사용된다는 것을 말한다. 이 원문은 분리된 필사본 형태로 사도들에 의해서 사용되었다. 성령의 인도함을 받은 초대 교회가 분리된 이 하나님의 영감받은 필사본을 책 형태로 집성시켰을 때 그들은 인정받은 원문 즉 표준원문을 갖게 되었던 것이다.

시리아 교회의 성경인 페쉬타(Peshitta)는 A.D. 150년에 그릭 벌게이트로부터 시리아어로 번역되었다. 이러한 견해와 주장은 저명한 시리아 학자 이며 편집인인 구우리암(G.H. Gwilliam)에 의하여 지지를 받았으며 그의 견해는 또한 버간(Dean Burgon)이나 밀러(Ed. Miller)등에 의해서도 지지를 받았다. 이 페쉬타의 특징은 "역본의 여왕(Queen of the Version)이라는 칭호를 받을 만큼 신중하고 순수하며 정확한 직역 성경이었다.

안티옥(Antioch)은 시리아의 수도로, 초기의 믿는 사람들을 처음으로 그리스도인이라고 불렀던 곳이었다(행 11:26). 불과 2-3년 이내에 시리아의 성도수는 수천 명으로 늘어나게 되었다. 그들의 성경인 페쉬타는 오늘날도 보편적으로 표준원문을 따르고 있다. 이 점은 〈킹제임스성경〉이 웨스트코트와 홀트가 "권위의 자리"에 올려 놓았던 바티칸 사본보다 더 오래되었고 보다 신뢰할 수 있다는 또 하나의 증거인 것이다.

이태리, 프랑스, 영국은 한때 로마 제국의 주였고 라틴어는 당시 보통 시민들의 통상언어였다. 따라서 이런 나라들에서 번역된 성경은 그릭 벌게이트에서 라틴어로 만들어졌다. 이 라틴어 성경들 가운데서 최초로 번역된 것은 북부 이태리에서 있는 왈덴 교도들(Waldenes)을 위한 것이었는데 157년 이전에 번역된 것이며 이를 가리켜 이태리 역본(Italic Version)이라고 한다. 저명한 성경학자 베자(Beza)에 의하면 이태리 교회의 연대를 A.D. 120년부터로 본다. 알릭스(Allix)도 증명하기를 이태리 교회가 사도의 순수성을 전승시키고 있는 동안 원수들은 많은 필사본들을 변개시켰다고 했다(Allix, *Churches of the Piedmont*, pp.11,288).

영국 학자 노란(Nolan) 박사는 헬라어와 라틴어로 명성을 얻은 권위있는 학자이다. 1815년에 〈표준원문은 완전한가에 관한 질의, *Inquiry into the Integrity of the Received Text*〉라는 저서에서 밝힌 것과 같이 이 표준원문이 사도들로부터 유래되었는가를 찾기 위하여 28년간을 연구하였다(말씀보존학회에서 원어 복사본으로 판매중). 그의 연구는 이태리 교회의 후계자들인 왈덴 교도들이 사용한 성경 사본을 조사한 것이다. 노란 박사와 버간의 그들의 저서에서 다음과 같이 설명하였다. "초대 교회의 참된 사도적 맥을 잇는 것이라는 확실한 증거들을 필자(자기)에게 제공해 주었다. 하늘의 증거로 축복 받은 그 원문이 제롬의 근대적 벌게이트가 소개되기 이전에 라틴 교회에서 우세한 번역으로 채택되었다"(Dr. Fredrick Nolan, *Intergrity of Greek Vulgate*, pp. 17-18). "이것이 곧 영어 〈킹제임스성경〉의 근간이 된 헬라어 표준원문을 의미하며 이는 2세기 때의 번역본들과 일치함을 증명해 주고 있다. 여기에서 한 가지 유의할 점은 유세비우스(Eusebius)가 A.D. 331년에 콘스탄틴을 위하여 성경을 복사했을 때 이 원문이 나온 후 오랫동안 시내 사본과 바티칸 사본은 존재하지 않았다는 점이다"(Dean Burgon, *The Traditional Text*, p.163).

## 7. 표준원문의 우수성에 관한 증거

헬라어 표준원문과 다른 헬라어 신약 원문들에 나타난 차이점들에 관해 다음에 논의하는 것은 전통원문 계열의 표준원문(Textus Receptus)과 알렉산드리아 원문과 서방원문 계열의 사본들 중 대표적인 시내 사본(Sinaiticus)과 바티칸 사본(Vaticanus)에 근거한 웨스트코트-홀트 원문(Westcott and Hort Text), 네슬 원문(Nestle Text), 성서공회 원문(Bible Societies Text, American Bible Society와 United Bible Society를 합해서 성서공회라 부른다.) 등을 비교해 봄으로써 표준원문이 우수하며 최초의 원본에 가장 가까운 원문임을 증명할 것이다.

### 1) 인쇄된 헬라어 원문들 속에서 발견된 차이점

〈킹제임스성경〉과 다른 영어 번역 성경들 간에 뚜렷한 차이를 보이고 있으며 〈한글킹제임스성경〉과 한글 개역성경을 비롯한 기존의 한글성경들 간에도 뚜렷한 차이를 보이고 있다. 이렇게 차이를 보이는 대부분의 원인은 서로 다른 헬라어 원문들을 번역한 데서 비롯된 것이다. 이러한 사실은 여러 성경들을 올바로 평가하는 데에 있어서 무엇보다도 헬라어 원문들 사이의 차이를 이해하는 것이 중요하다는 의미이다. 〈킹제임스성경〉과 〈한글킹제임스성경〉이 사용한 헬라어 원문은 표준원문(T.R.)이기 때문에 한글 개역성경과 기존의 한글 성경들의 뿌리라고 할 수 있는 웨스트코트-홀트 원문(W.H.), 네슬 원문(N.) 그리고 성서공회 원문(B.S.)들은 굳이 지적하지 않더라도 "다른 원문들"이라고 표현할 수 있다. 앞으로의 논의에서 인용된 차이점들은 표준원문과 다른 원문들 간의 비교분석이다.

표준원문과 성서공회 원문 간에 차이가 나는 모든 단어를 실제 조사하여 비교해 보면 8,674개가 다르다. 이 수치는 고유명사의 철자 변화는 제외한 것이며 헬라어 사전에서 철자는 다르지만 같은 단어인 경우도 포함시키지 않은 것이다.

웨스트코트-홀트 원문을 표준원문과 비교할 때 2,288개의 표현에서 차이가 난다. 네슬 원문은 2,212개, 성서공회 원문은 2,077개이다. 표준원문과 비교하여 이 세 개의 헬라어 원문에 공통적으로 차이가 나는 표현은 1,995개이다. 성서공회 원문에서만 보더라도 97.2%에 달하는 2,018개가 웨스트코트-홀트 원문에서 발견된 표현과 동일한 것이다.

표준원문과 다른 원문들 사이의 표현의 차이는 다음 다섯 가지로 분류된다.

① 한 단어에서 여러 구절에 이르기까지 표준원문에서 삭제된 것
 - 구절의 삭제
 - 구절 가운데 중요 부분만 삭제
 - 한 두 단어의 삭제
② 단어나 구의 대용
③ 표준원문에 없는 단어나 구 첨가
④ 단어나 구의 위치 이동
⑤ 구두점의 변화

이 분류에 덧붙여 이러한 모든 표현의 차이는 또한 다음 네 가지로 구분되며, 이들은 서로 복합된다.

① 우리 주 하나님을 격하시키는 표현들

② 구약 인용에 있어서 영향을 준 표현들

③ 그리스도인의 교리에 영향을 준 표현들

④ 영어 번역상의 문제를 제기하는 표현들

또한 다른 원문들은 많은 단어를 괄호 표시함으로써 어떤 부분에 대해 진의를 확신하지 못하는 경우도 보이고 있다. 그러나 이러한 것은 표준원문에서 발견되지 않는다.

### 2) 삭제

네슬 원문에서 가장 많이 삭제된 부분은 요한복음 7:53-8:11로 열두구절이다. 웨스트코트-홀트 원문과 성서공회 원문은 이 부분을 이중괄호로 표시했다. 웨스트코트-홀트 원문은 이 부분을 복음서 끝에 놓기까지 했다. 이 구절의 삭제와 관련하여 신약 비평가들이 해명을 요구했던 모든 질문은 성경을 상고하는 신실한 학자들에 의해 매우 유창하고 충분한 대답이 있어 왔다. 그러나 자유주의 신학자들은 이 훌륭한 답변들을 대부분 무시한 채 원문을 변질시켰다.

네슬 원문은 또한 마태복음 18:11의 『인자**가 온 것은 잃어버린 자를 구원하려는 것이라.**』를 포함하여 열아홉 개의 구절을 삭제해 버렸고, 또 사도행전 8:37의 『**빌립이 말하기를 "만일 당신이 마음을 다하여 믿으면 합당하니라."고 하니 그가 대답하여 말하기를 "나는** 예수 그리스도**가** 하나님**의** 아들**이신 것을 믿나이다."라고 하더라.**』도 삭제했다. 이 20개의 삭제된 부분들은 전부 합해서 31개 구절과 454개의 헬라어 단어로 구성되어 있다.

다른 원문들에서 삭제된 또 다른 경우는 180여 개의 중요한 부분들이 구절 가운데에서 삭제된 것으로서, 예를 들어 마태복음 6:13의 『**그 왕국과 권세와 영광이 영원토록 아버지의 것이옵니다. 아멘.**』이라는 부분과 마태복음 27:35의 『**이는 선지자를 통하여 "그들이 그들 중에서 나의 옷을 나누고 또 나의 속옷을 놓고 제비뽑았나이다."라고 하신 말씀이 이루어지게 하려 함이더라.**』고 하는 부분, 마가복음 1:1의 『하나님**의** 아들』, 누가복음 9:56의 『인자**는 사람들의 생명을 멸하려고 온 것이 아니라 구원하려고 왔느니라**』, 요한복음 6:47의 『**나를**』, 그리고 사도행전 2:30의 『**육신을 따라 그의 후손 중에서** 그리스도를 **일으키시어**』라는 부분이 모두 삭제되어 있다. 다른 원문들은 이 중요한 부분들을 다 삭제한 것이다.

한두 단어가 생략된 경우는 성서공회 원문에서만도 1,100여 개나 되며 웨스트코트-홀트 원문과 네슬 원문은 더 많이 빠뜨렸으며 신성을 나타내는 210여 개의 이름이 각 원문에서 삭제되어 있다. 또한 신성을 언급한 대명사 "그의," "그를," "당신의," "나의"와 같은 것을 150개 이상이나 삭제시켰다. 삭제된 전체 수는 성서공회 원문이 1,300여 개이며 다른 두 원문은 그 이상이다. 성서공회 원문이 삭제한 헬라어 단어 수는 2,632개나 된다.

### 3) 대용

대용은 다은 원문에 기록된 단어들로서 이는 표준원문에 기록되어 있는 단어들과는 다른 것이다. 성서공회 원문의 경우 587개의 표현이 대용되었고 다른 두 원문은 이보다 더 많다. 587개의 대용된 표현은 철자가 다른 히랍어 단어 한 개 내지는 둘을 포함한 것이 288개이고 유사한 철자나 같은 어근을 가진 한 단어를 포함한 것이 283개이며 16개는 여러 헬라어 단어들로 구성되어 있다.

철자가 다른 한 단어를 대용한 예로서 디모데전서 6:19을 들 수 있는데 영어로 "생명"이 "영원한 생명"을 대신하고 있다. 유사한 철자를 가진 한 단어를 수반한 경우는 누가복음 2:22에 나타나는데, 헬라어 대명사의 다양한 어미 변화 때문에 "그녀"를 "그들"로 대용함으로써 마리아가 자신을 정결케 하는 대목에서 다른 원문들은, 대중들이 치르는 어떤 특정한 정결의식을 마리아가 함께 치르고자 왔다는 것처럼 기록했다.

여러 단어가 수반된 대용의 예는 누가복음 6:48에서 발견되는데 본래의 의미인 "그것은 반석 위에 세워졌기 때문에"를 "그것이 잘 지어졌기 때문에"로 대용하고 있다.

### 4) "우리 주 하나님"을 격하시킨 문제

"우리 주 하나님"을 격하시킨 이 중대한 문제의 대부분은 특히 "주 예수 그리스도"와 관련되어 있다. 다른 원문들에 이러한 예가 400여 개쯤 나와 있다. 구절 자체를 삭제하거나 구절 가운데 중요한 부분을 빼 버리거나 한두 단어를 누락시키거나 대용하는 형식으로 되어 있다. 삭제된 부분들은 하나님의 이름이 200여 개, 신성을 표현한 대명사가 150여 개다.

주님을 격하시키고자 삭제된 구절 가운데에 마태복음 18:11과 사도행전 8:37이 있으며 이 두 구절은 앞서 삭제의 보기에서 언급하였다.

구절 가운데 중요 부분이 삭제된 한 예는 누가복음 11:2에서 『**하늘에**

**계신 우리** 아버지』가 빠져 있는 것이다.

단어를 대용한 경우는 마태복음 19:17에서 "어찌하여 선한 일을 내게 묻느냐?"라는 문장으로 『**어찌하여 네가 나를 선하다고 하느냐?**』를 대신하고 있다. 이 대용은 그리스도가 선하다고 일컬음 받는 것이 오직 사람이 그를 하나님이라고 믿을 때에만 합당한 것이라는 분명한 암시를 삭제한 것이다. 또한 이러한 이유로 마태복음 19:17이 마가복음 10:18과 누가복음 18:19을 부인하게 만든다.

주님을 격하시키는 헬라어의 한 특징은 하나님의 이름 앞에 붙이는 정관사를 (영어의 the) 삭제하는 것이다. 그래서 "Lord," "Spirit," "God of Jacob" 등으로 표기했다. 웨스트코트-홀트 원문과 네슬 원문은 24번이나 하나님의 이름 앞에 정관사를 붙이지 않았으며 성서공회 원문 역시 최소한 18번은 정관사를 붙이지 않았다. 정관사는 표준원문의 모든 경우에 나타나고 또 모든 영어 번역에서도 마찬가지이다. 정관사의 사용은 확실히 헬라어와 영어에서 동일한 의미를 필연적으로 전달하지는 않는다.

### 5) 구약 인용의 차이점

표준원문과 다른 원문들 사이의 차이 가운데 신약에 구약을 인용할 때 발생하는 문제들이 있다. 웨스트코트-홀트 원문과 네슬 원문에는 55개의 구약 인용문이 있으며 성서공회 원문에도 49개의 구약 인용문이 있다. 이들의 공통적인 특징은 인용된 부분이 표준원문에 인용된 부분보다 구약 말씀에 덜 충실하다는 것이다. 다른 원문들에서 행해진 영어 번역과 한글 번역의 결과는 구약을 인용한 부분들이 한 성경에서 다른 성경으로 유사한 단어를 번역하는 데 있어서 일반적으로 〈킹제임스성경〉이나 〈한글킹제임스성경〉보다 덜 충실하다. 다음은 몇 가지 예이다.

마가복음 15:28은 이사야 53:12를 인용하여 『**그가 범죄자들과 더불어 헤아림을 받았다.**』고 말하는데, 다른 원문들에는 이것이 삭제되어 있다.

누가복음 4:4에는 신명기 8:3의 중요한 부분인 『하나님**의 모든 말씀으로**』가 인용되고 있는데, 다른 원문에는 역시 삭제되어 있다.

사도행전 2:17은 요엘 2:28을 인용한 것인데 헬라어 단어 "꿈"이 구절의 끝부분에 오면서 차이가 생기는데 원문의 "your old men shall dream dreams" 대신에 "your old men shall dream with dreams"이라는 뜻이 되게 했다. 그런데 다른 원문들에서 번역한 영어 번역들은 이 구절만큼은 대개 표준원문을 따르고 있다. 히브리서 10:38은 하박국 2:4이 인용되어 있는데, 한 단어를 첨가시킴으로써 『**의인은 믿음으로 말미암아 살리라.**』라는 정확한 표현 대신에 다른 원문들에서는 "나의 의인은 믿음으로 말미암아 살리라"라는 의미가 되게 했다.

### 6) 교리와 관련된 차이점

표준원문과 다른 원문들 사이에 그리스도인이 믿음에 관해서 여러 교리를 수반하는 차이는 40여 개쯤 된다. 이 차이들은 교리가 잘 표현된 원문을 삭제하거나 교리를 변질시키는 단어나 구로 대용하고 있기 때문에 발생한 것이다. 그 내용의 반은 예수 그리스도의 속성, 사역, 또는 신성에 관련되어 있다. 그리고 1/4 가량이 구원의 근거와 특성을 언급한 것이다.

마가복음 10:24은 "재물을 믿는 자들이"라는 부분이 삭제되었다.

이 삭제는 부자가 하나님의 나라에 들어가지 못하는 것에 대한 주님의 설명에 있어서 매우 중요한 부분을 빠뜨린 것이다. 이 구절은 구원의 교리에 관련되어 있으며 또한 이 부분을 생략하는 것은 이 구절이 부자에 관한 내용인데도 일반 사람을 언급하는 것으로 뜻을 바꾸었다는 것이다.

다른 원문들에서 마가복음 15:28이 삭제된 것은 구약의 인용문과 관련지어 언급되어 왔다. 이 구절의 삭제 또한 교리를 표함하고 있다. 전체 구절은 『**그리하여 '그가 범죄자들과 더불어 헤아림을 받았다.'고 말한 성경이 이루어졌더라.**』고 되어 있다. 여기에 수반된 교리는 예수 그리스도께서 메시야로서 구약의 예언들을 성취한 것이다.

요한복음 3:13에서는 『**하늘에 있는** 인자』가 중요한 부분인데, 다른 원문들은 이것을 삭제해 버렸다. 이 부분은 우리 주님께서 그의 신성을 표현한 것이었다.

로마서 14:10에는 "그리스도" 대신 "하나님"이 쓰여졌는데 이 구절의 마지막 부분을 "우리 모두가 하나님의 심판대 앞에 서리라"로 이해하게 한다. 신약은 요한복음 5:22과 여러 다른 관련 구절에서 모든 심판은 분명히 그리스도에게 위임되어 있다고 가르치고 있다. 이 구절에서는 "그리스도"가 "하나님"으로 바뀌어짐으로써 이 교리가 애매하게 되어 있다.

### 7) 번역상 문제가 되는 차이점

표준원문과 다른 원문들 사이의 차이 가운데 약 14% 정도가 영어로 번역하는 과정에서 생긴 문제들이다. 성서공회 원문에는 적어도 288개의 표현이, 네슬 원문은 331개의 표현이 그리고 웨스트코트-홀트 원문은 361개의 표현이 문제가 있다.

〈킹제임스성경〉의 마가복음 10:6을 표준원문에서 정확히 번역하면 "But from the beginning of the creation God made them male and female"(창조의 시작으로부터 하나님께서는 사람을 남자와 여자로 만드셨느니라)이다. 그런데 다른 원문들은 이 구절에서 "하나님"을 삭제시켰다. "하나님"의 이름이 없이 된 번역은 "그가 그들을 만들었다"가 될 것이나, 앞의 대명사(5절) "그"는 모세를 말한 것이므로 독자는 대명사 "그"가 만든 것으로 추측할 수밖에 없다. 신성을 나타내는 이름이 제거된 또 다른 경우는 사도행전 23:9에서 발견할 수 있다. 이 구절의 마지막 절은 『**우리는** 하나님**을 거역하여 싸우지 말자.**』인데, 다른 원문들은 이것을 삭제시켰다. 이 부분이 빠지면 앞부분이 불완전하고 그 의미가 애매해짐으로써 어색한 공론이 되고 만다. 또한 이 삭제는 그 상황에서 실제 문제해결의 열쇠였던 하나님에 관한 언급이 삭제된 것이어서 주님을 격하시킨 것이다.

다른 원문들은 마태복음 23:5의 끝부분에 있는 "그들의 옷" 부분을 삭제시킴으로써 바로 앞 단어인 "단"(borders)이 옷의 장식이라는 뜻이 설명되지 않는다. 그런데 현대 성경 번역자들은 표준원문과 〈킹제임스성경〉에 있는 대로 보통 "그들의 옷"을 삽입시키고 있다.

대용의 경우는 마태복음 9:8에 나타난다. 이 절 가운데 한 단어를 기록함에 있어서 표준원문은 "놀라며"라고 기록하고 있기에 〈킹제임스성경〉과 〈한글킹제임스성경〉도 "놀라며"라고 했다. 그러나 다른 원문들은 "두려워했다"로 번역(대용)했다. 군중들이 두려워하여 하나님께 영광을 돌렸

다로 말하는 것은 비논리적이다. 또 다른 어색한 대용은 고린도전서 8:7에서 보게 되는데 표준원문에 "양심"으로 표기되어 있으므로 〈킹제임스성경〉과 한글킹제임스성경도 "양심"으로 번역했으나 다른 원문들은 "양심" 대신에 "관습"으로 번역(대용)했다. 다른 원문들의 대용은 "어떤 사람은 우상에 대한 관습으로"라고 되어 있기 때문에 단어들이 첨가되거나 바뀌어져서 그 문맥에 적당하게 어떤 표현이 보충될 때에만 이해될 수 있는 것이다.

고린도후서 8:7에 보면 표준원문의 어순이 다른 원문들과 다르기 때문에 번역하는 데 문제가 되었다. 그리하여 "너희가 우리를 사랑하는"이라는 구절이 다른 원문에서는 "우리의 너희에 대한 사랑"으로 쓰여졌다. 그러나 대부분의 영어 번역은 이 부분에서 표준원문의 표현을 따르고 있다. 다른 원문들을 따르려고 하는 두 개의 현대 번역은 단어를 첨가하여 그 의미가 기본적으로 표준원문과 같도록 하고 있다.

표준원문과는 달리 다른 원문들에서 구두절이 변경된 예로 고린도전서 7:33-34을 들 수 있다. 이러한 구두점의 변경은 번역을 어색하게 하는 단어 배열과 의미를 변하게 하는 큰 원인이 된다. 33절은 "장가간 사람은 세상 일을 염려하여 어떻게 하면 아내를 기쁘게 할까 함이라"이다. 이 구절은 비교가 안 되는 문장이지만 34절의 시작은 분명히 비교가 되고 있다. 그러므로 33절 끝에 종결점을 찍어야 하는데 다른 원문들은 33절 끝에 종결점을 찍는 대신 34절의 "부인과 처녀와는 차이가 있느니라." 다음에 종결점을 찍었다.

표준원문과 네슬 원문 사이에 번역상 문제가 되는 331개의 차이 가운데 82%에 달하는 269개가 새미국표준역본(NASV)의 서문에서 언급하기를 "대부분 네슬 원문 제23판을 따랐다"고 밝히고 있는 것을 볼 때 알 수 있다. 이는 새미국표준역본(NASV)이 네슬 원문을 따르지 않은 269개의 번역된 구절에서 85%가 표준원문을 정확히 번역한 단어들을 사용했으며 나머지 15%는 원문의 어색한 표현을 바로잡기 위해 편집자들이 스스로 단어들을 선정했기 때문이다. 또 한편으로 표준원문과 네슬 원문 사이의 다른 차이점 1,881개 중 90%가 새미국표준역본(NASV)에 담겨 있다. 그럼에도 불구하고 이 단어들은 어느 정도 표준원문의 단어들과 유사한 뜻을 갖고 있다.

원문의 뜻에 중요한 단어들의 삭제는 보통 한 개 내지 두 개의 단어가 포함된 것으로 표준원문과 네슬 원문 사이에 71%의 차이가 나며 새미국표준역본(NASV)에는 나타나지 않는다. 이 비율 등 많은 부분이 영어의 뜻을 선명하게 하는 데 필요한 대명사들을 삭제시킨 것이다. 요한복음 8:38이 한 예인데 "너희는 너희 아비와 함께 본 것을 행하는도다"에서 네슬 원문에서는 "너희"가 삭제되어 있다.

네슬 원문에는 나와 있지만 새미국표준역본(NASV)에는 없는 내용의 경우는 베드로후서 3:10에 나타난다. 네슬 원문은 표준원문에 표현된 "타버릴 것이라" 대신에 "드러나리라"로 기록하였다. 표준원문에는 "또한 땅과 그 안에 있는 일들이 타버릴 것이라"로 되어 있다. 여기 인용된 구절과 앞 단락에서 인용된 구절은 다른 원문들에서도 발견되어 표준원문과 차이를 나타낸다.

### 8) 괄호 속의 단어들

웨스트코트-홀트, 네슬, 성서공회 원문들은 많은 단어들과 여러 구절들을 한 개 혹은 이중의 괄호로 표시했다. 네슬 원문의 서문에 보면 괄호 표시는 그 안의 부분이 진실한가에 대한 의문을 나타낸다고 했다. 이중 괄호로 표시한 단어들은 더욱 의심스러운 표현으로 여겨진다고 했다. 더욱이 네슬 원문과 성서공회 원문은 괄호 외에도 다른 기호들을 사용했다.

성서공회 원문의 서문에 보면 "한 개의 괄호는 모호한 원문에 근거한 단어들을 나타낸 것이고 이중 괄호는 나중에 원문에 첨가된 것으로 여겨지는 구절들을 표시한 것인데 이러한 두 종류의 괄호 표시는 분명히 오래된 것이고 중요한 것이다"라고 언급되어 있다. 이 원문의 계속되는 "표기법" 난에 보면 웨스트코트-홀트가 "선택적 독해"라는 부분에서 지적하기를 한 개의 괄호는 원문에는 있으나 선택적으로 수용할 만한 문장에서는 삭제된 단어들을 표시한 것이라고 했다. 같은 난에 "명백히 거부된 문장" 부분에서는 "아주 초기에 복음서에 삽입된 몇 개 안되는 수정 어휘들은... 이중 괄호로 표시됐다."고 했다.

그리하여 이 세 개의 다른 원문들이 사용한 한 개의 괄호는 하나님의 말씀에 속한 단어들에 대해 편집자들의 의문을 드러낸 것이고 이중 괄호는 원문에 첨가된 것으로 여겨지는 단어들을 표시한다. 비록 이 단어들이 진실하지 않은 것이라 생각될지라도 그 편집자들은 이 단어들이 "오래된 것이고 중요하다"는 기본적인 생각에서 원문을 보존해 왔던 것이다. 이런 뜻으로 사용된 이중 괄호는 독자에게 혼란을 일으킨다. 어떤 독자는 이중 괄호 표시를 받아들여서 이 단어들은 원본에는 없는 것으로 이해할 것이다. 다른 독자들은 원문에 괄호 표시된 단어들을 오해해서 어쩌면 전체 내용이 사실 대수롭지 않다고 결론을 지을 수도 있는 것이다. 만약 이중 괄호로 표시된 말들이 단순히 "나중에 첨가된 것"이라면 그것을 난외 주석으로 싣지 않고 원문에 포함시킬 만큼 그렇게 중요한지에 대해서 독자는 궁금해 할 것이다.

웨스트코트-홀트 원문과 성서공회 원문은 각각 1,000여 개의 단어들을 괄호로 표시해 놓았다. 성서공회 원문은 각각 1,000여 개의 단어들을 괄호로 표시해 놓았다. 성서공회 원문은 400여 개의 단어를 이중 괄호로 표시했다. 현대의 어떤 번역은 이들 원문 가운데 하나가 이중 괄호로 표시한 마가복음 16:9-20과 또 다른 구절들을 삭제했다. 이것과는 분명히 다르게 표준원문에는 어떤 괄호 표시도 사용되지 않았다.

### 9) 웨스트코트-홀트 원문의 독특한 차이점

웨스트코트-홀트 원문은 표준원문과 적어도 97개의 차이를 갖고 있으며 이 차이는 네슬 원문이나 성서공회 원문에는 없는 것이다. 이 차이들 가운데 두 개는 특이하게 대용한 것이다. 하나는 요한복음 19:39인데 니코데모가 주 예수님의 시체를 장사 지내려고 가져온 『**몰약과 알로에 섞은 것**』 대신에 "몰약과 침향 한 통"으로 쓴 것이고 다른 하나는 요한계시록 15:6에서 일곱 천사가 입은 『**세마포**』를 "돌"로 표현한 것이다. 그러나 이 두 구절에서 웨스트코트-홀트 원문을 따른 영어 역본은 거의 없고 대신에 표준원문을 따르고 있다.

1901년에 나온 미국표준역본(American Standard Version)은 일반적으로 말해서 웨스트코트-홀트 원문을 번역한 것이다 표준원문과 웨스트코트-홀트 원문의 차이점 가운데 75%가 미국표준역본(ASV)에서 발견되는데 웨스트코트-홀트 원문에서만 나타나는 이 차이점 가운데 35%만이

미국표준역본(ASV)에 나타나 있으며 영어 번역상의 문제가 되는 웨스트코트–홀트 원문의 361개의 차이 가운데서 17% 정도가 미국표준역본(ASV)에 나타난다. 웨스트코트–홀트 원문에만 나타나는 이 차이점 가운데 하나는 마태복음 12:47이 삭제된 것으로 『**그때에 한 사람이 주께 말씀드리기를 "보소서, 당신의 모친과 형제들이 당신과 이야기하려고 밖에서 있나이다."라고 하니**』라는 부분이 삭제된 것이다. 또한 이러한 차이 가운데 네 개의 다른 구절 속에서도 중요한 부분들이 삭제된 예가 있다. 이들은 마가복음 12:23, 누가복음 17:34, 요한복음 13:32, 고린도전서 15:54 등이다.

### 10) 네슬 원문의 독특한 차이점

네슬 원문(23판)은 표준원문과 적어도 18군데의 차이를 보이며 이것은 웨스트코트–홀트 원문과 성서공회 원문에는 없다. 가장 뚜렷한 차이는 요한복음 7:53–8:11로 열두 구절이 삭제된 것이다. 이 구절은 앞의 "삭제" 부분에서 언급하였다.

또 네슬 원문에서만 발견되는 두 개의 다른 삭제가 있다. 하나는 누가복음 24:12의 『**그때 베드로가 일어나 무덤으로 달려가서 몸을 구부리고 보니 그 세마포 옷들이 따로 놓여 있는지라, 그가 일어난 일들을 이상하게 생각하며 떠나니라.**』고 하는 부분이며 다른 하나는 누가복음 24:40로 『**이 말씀을 하신 후 자기 손과 발을 그들에게 보여 주시더라.**』는 부분이다.

구절 가운데 부분이 삭제된 경우는 세 가지인데 역시 네슬 원문에서만 나타난다. 누가복음 24:36의 『**그들에게 말씀하시기를 "너희에게 평강이**

**있을지어다."라고 하시더라**』, 누가복음 24:51의 『**하늘로 올라가시니라**』, 누가복음 24:52의 『**주를 경배하고**』 등이다.

### 11) 성서공회 원문의 독특한 차이점

성서공회 원문(3판)은 표준원문과 비교해서 최소한 31개의 차이를 보이며 이것은 웨스트코트-홀트 원문과 네슬 원문(23판)에는 없는 것이다. 그 가운데 11개는 첨가된 것으로서 31개의 차이 중 35%를 차지한다. 첨가한 것 가운데 두 구절은 마태복음 27:16인데 바라바에게 "예수"라는 이름이 주어진 것이다. 이 표현은 현대 영어 성경에서는 거의 언급되지 않고 있다. 웨이마우스(Weymouth)는 이 단어를 포함시키지 않았으나 다음과 같은 주석을 달았다. 즉 이 표현은 "사본의 권위를 가장 간교하게 실추시킨 것에 지나지 않는다... 만약에 그 강도가 구세주와 정말로 같은 이름을 가졌다면 모든 훌륭한 사본들이 이것을 언급하지 않았을 이유가 하나도 없다."라는 내용이었다.

성서공회 원문 제3판은 네슬 원문에서 이중 괄호로 표시된 요한복음 7:53-8:11을 본래의 위치로 회복시켰다. 1판과 2판에서는 이 구절이 복음서 끝에 있었다. 구절 가운데서 중요한 부분이 성서공회 원문에서 삭제된 것은 누가복음 10:38과 히브리서 3:6에 나타난다.

### 12) 원문의 차이점들에 관한 중요성

헬라어 원문들 사이의 차이에 대해서 다음과 같은 말들이 자주 거론된다. "신약의 본질을 가르치는 것은 꼭 원문이 크게 영향을 미치는 것이 아니다."라는 것이다. 그러나 인쇄된 중요한 헬라어 원문들 사이의 차이

점에 대해 지금까지 논의한 것은 이 차이점들이 사소한 것이 아니라 오히려 대단히 중요한 것임을 보여 준다.

성서공회 원문은 네슬 원문 26판과 동일한 내용이다. 이를 조사해 보면 표준원문과 다른 차이점으로서 신성한 이름을 삭제한 것이 200여 개, 삼위일체 하나님을 격하시킨 표현이 400여 개, 구약을 인용한 것 중에서의 차이가 45개 이상, 교리와 관련된 것이 40여 개 등으로 대부분이 예수 그리스도의 신성이나 구원의 근거와 특성과 같은 주요 교리를 포함하고 있는 것이다. 영어 번역상의 문제를 드러낸 표현이 적어도 288개이지만 성서공회 원문에서 행해진 번역은 어떤 것이든지 표준원문과 유사한 언어를 사용했거나 의미가 같도록 의역했다. 그래도 의미에 상당한 영향을 끼친 표현은 481개나 된다.

만약 성서공회 원문이 원본과 가장 가까운 것이라고 가정한다면 표준원문을 번역한 〈킹제임스성경〉은 원본에 없는 17개의 구절과 185개의 구절 가운데 중요 부분들 그리고 1,107개의 다른 부분을 갖고 있는 것이며 성서공회 원문을 번역한 영어들과 비교해서 표준원문에 쓰인 단어와는 다른 뜻을 가진 적어도 556개의 단어들을 첨가한 것으로써 〈킹제임스성경〉의 1,865개의 표현은 참으로 하나님의 영감으로 기록되지 않았다는 기막힌 진술이 나오게 된다. 달리 말하면 성서공회 원문이 진실로 영감에 찬 원문에 가깝다고 한다면 표준원문은 하나님의 영감으로 기록된 310단어가 부족한 것이 되며 2,625개의 헬라어 단어를 하나님의 영감이 수반되지 않은 것으로 파악해야 한다. 더 나아가 〈킹제임스성경〉의 2,600단어 이상이 하나님의 영감이 수반되지 않은 것이며 300단어 이상이 하나님의 영감이 부족한 것이 된다. 그렇기 때문에 말씀의 영감을 믿으며 위에 언급한 가정을 따르는 사람은 성서공회 원문을 확인해 보지 않고는 어떤 말씀이 영감에 찬 것인지 알 수 없다.

왜냐하면 헬라어에 익숙하지 않은 사람들에게는 성서공회 원문을 직역한다는 것이 이 시점에서 필요할 것이지만 그런 번역은 없기 때문이다 새미국표준역본(NASV)이나 새국제역본(NIV) 같은 영어 번역은 큰 도움이 안 될 것이다. 그 이유는 새미국표준역본(NASV)의 경구 530군데에서 성서공회 원문을 따르지 않았고 새국제역본(NIV) 역시 650여 군데에서 성서공회 원문을 따르지 않았기 때문이다. 영어 역본들이 이 정도이므로 거기에서 번역된 기존 한글 성경들의 실상은 별도의 설명을 추가해야 할 필요도 느끼지 않는다. 영어 성경에 관하 설명과 지적이 곧 한글 성경에 해당되기 때문이다.

### 13) 결론

다음에 내린 결론은 지금까지의 논의와 인쇄된 헬라어 신약 원문들 사이의 차이에 근거를 둔 것이다.

① 표준원문이 다른 원문보다 우수하다. 다른 원문들은 표준원문에 없는 것을 영어로 번역하여 문제가 된 표현들이 288개 이상이다. 이 표현들 가운데 많은 부분에서 다른 원문들은 정확성이나 논리성이 부족하고 거의가 원래대로 번역하지 않았는데 이는 이 문제의 원문들을 형성한 사본들을 복사하는 과정에서 부주의했던 것으로 파악된다.

② 표준원문은 주 하나님께 보다 큰 영광을 돌리고 있다. 다른 원문들은 주님을 격하시키도록 한 표현이 400여 개나 된다. 신성한 이름이 제거된 경우는 210여 개이다. 많은 경우에 신성한 이름이 삭제된 것이 대수롭

지 않은 듯 보이나 219여 개라면 대단히 큰 수치인 것이다.

③ 표준원문은 구약을 인용한 경우에도 다른 원문들보다 더욱 충실하다. 다른 원문들에는 표준원문보다 미비하게 인용된 표현이 45개가 넘는다.

④ 표준원문은 원문의 어떤 부분도 괄호 표시를 사용치 않으므로 하나님의 말씀에 대한 진실성을 의심하지 않고 있다. 다른 원문들은 수백 개의 단어들을 한 개의 괄호 또는 이중 괄호로 표시하여 그 단어들의 진실성을 의심케 하고 있다.

⑤ 표준원문을 제외한 다른 원문들에서 삭제된 부분을 현대의 번역자들은 자신들이 근거하고 있는 원문과 상관없이 표준원문에서 그러한 부분을 번역하고 있다. 이런 점에서 표준원문은 역시 우수하다.

⑥ 그 동안의 논의를 통해서 표준원문과 다른 주요 인쇄된 원문들 사이에는 상당한 차이가 있음을 입증했다. 더욱이 세 개의 유명한 원문들 곧 웨스트코트-홀트 원문, 네슬 원문, 성서공회 원문들 사이에도 중요한 차이를 나타내고 있음을 보았다. 더 나아가 말씀의 영감에 관한 차이가 드러내는 심각한 문제도 언급했다. 이와 같이 논의된 네 개의 원문들 가운데 표준원문이 가장 우수하며 원본에 가장 가깝다는 것은 분명하다.

⑦ 웨스트코트-홀트 원문, 네슬 원문, 성서공회 원문을 받아들이는 것은 매우 많은 대다수의 사본들에 보존되어 있는 원문을 거부하는 것이며 표준원문과 비교하여 이러한 세 개의 다른 원문들은 소수의 사본들에서나 보게 되는 수많은 차이점을 가진 변개된 원문임을 의미한다.

⑧ 성경에 대한 성경적 관점을 수용하는 사람들은 헬라어 신약을 읽고

공부하고 가르치는 데 있어서 표준원문을 선호한다.

⑨ 〈킹제임스성경〉과 네슬 원문 혹은 성서공회 원문에서 행한 어떤 번역보다도 최초의 원본에 가까운 것은 분명하다.

## 8. 변개된 신약 사본

앞의 여러 논의를 통해서 알 수 있듯이 하나님의 전통이 전통원문을 통해서 표준원문으로 그 맥이 이어졌음에도 불구하고 이에 대항하는 일단의 사람들이 있었다. 1870년 영국 옥스퍼드 대학에서는 로마를 지지하는 편견된 신학이론이 일고 있었다. 이들은 표준원문에서 번역된 영어 〈킹제임스성경〉이 가장 완벽한 역본임을 간과하고 〈킹제임스성경〉을 개정하기에 이른 것이다. 그 주역이 바로 웨스트코트(Westcott)와 홀트(Holt)였다. 이러한 원문 시비의 발단은 1881년 영국의 웨스트코트와 홀트가 헬라어 신약성경을 편수해서 영어 개역본(RV)을 만들어낸 데서 시작되었다.

웨스트코트와 홀트는 그들의 원문 해석 이론을 과거 몇몇 사람들의 작품에 근거하였다. 그 사람들이 그리스바흐(Griesbach), 라흐만(Lachmann), 티쉔돌프(Tischendorf) 등인데 이들은 1775년경에 표준원문과는 내용이 많이 다른 변개된 헬라어 원문을 펴냈다. 웨스트코트와 홀트 그리고 이 세 사람은 표준원문이 근거로 한 전통원문 계열의 사본과는 다른 내용의 사본들을 더 선호하였으며 그들은 이 사본들에 근거하여 그들의 헬라어 원문을 만들었던 것이다. 웨스트코트와 홀트의 헬라어 원문은 이후의 다른 신약 번역에 많은 영향을 끼쳤다. 그러나 이들이 근거한 사본은 다름아닌 '시내 사본'(Sinaiticus ; Aleph)과 '바티칸 사본'(Vaticanus ; B)이다. 그들은 이 중에서 바티칸 사본을 더 많이 사용하였다. 이들은 표준원문이 근거한 방대한 수의 사본들 즉 다수필사본(전통원문)을 철저히 무시했던 것이다. 그들의 출판 서문을 보면 그들은 자연인의 관점에서 신약 원문을 다른 고문서와 같이 취급했음을 알 수 있다. 그들은 헬라어 신약 서문에서 언급하기를 "우리는 다른 고대 원문들에 이성적으로 적용될 수 없는 표현들은 그것이 동일한 양과 종류 그리고 오래된 것이 자료로 입증된다 할지라도 감히 실으려 하지 않았다."라고 했다.

이들을 따르는 배교한 신학자들은 바티칸 사본과 시내 사본이 원문에 가까운 사본이라고 공공연히 주장하고 있으며 유수한 신학교에서 그렇게 가르치고 있다. 이들 신학교들은 한결같이 카톨릭 교회를 반대하는 위치를 고수한다. 그런데 이 바티칸 사본과 시내 사본이 카톨릭 성경의 원조인 것을 모르고 있는가? 또 한 가지는 만일 웨스트코트와 홀트의 헬라어 신약성경이 최초의 원문을 답습한 성경이라면 전통원문 계열의 표준원문과 무려 5,700여 군데가 틀린 점은 어떻게 설명할 것인가? 거기에서 영어로 번역된 영어 개역 성경(RV)은 지금 어디에서 누가 쓰고 있는가? 아무도 쓰고 있지 않다. 이 세 가지 모두가 거짓말이다. 거짓말하는 사람이 그리스도인인가? 거짓말의 원천은 사탄인 것이다. 사탄의 사주를 받은 사람들이 하나님 앞에서 하나님 말씀 위에다 거짓말을 하고 있는 것이다.

다른 신약 원문이 1898년부터 독일에서 다양하게 출판되었다. 이 성경들은 에버하트 네슬(Eberherd Nestle)과 그의 아들 어윈 네슬(Erwin Nestle)이 출판했고 후에 커트 알란드(Kurt Aland) 등에 의해서 나온 것이었다. 다양한 자료에 근거해서 볼 때 이 성경 원문은 웨스트코트-홀트 원문처럼 주로 시내 사본과 바티칸 사본을 따른 것이다. 원문비평 분야에서 많은 연구와 조사가 행해짐으로써 네슬-알란드(Nestle-Aland)판 성경에 대한 평가가 이루어졌고 이들이 분명히 신약을 자연인의 관점으로 해석했으며 성경을 변개시켰음을 보여 주었다. 즉 서문에서 언급하기를 “여러 사본과 인쇄된 원문들을 다양하게 참조하여 ‘일반적으로 보다 어려운 내용을 더 훌륭한 자료로 인정하여서’ 편찬 자료로 선정했다.”고 밝히고 있다. 그러나 이 규칙은 흔히 잘못 적용되기 쉽다. 성경의 필사본을 복사하는 사람이 친숙하지 못한 내용에 부딪혀서 한 가지라도 실수를 초래한다면 본래는 간단한 내용이지만 그 실수를 아는 사람이 없다면 더 어려운 내용으로 이해되기 때문이다.

최근에 출판된 헬라어 원문은 미국의 성서공회(Bible Societies) 원문으로 알려져 있다. 1966년에 미국성서공회(American Bible Society)에서 펴냈고 1968년에 제2판을, 1976년에 제3판을 출판했다. 초판의 편집자들은 커트 알란드(Kurt Aland), 매튜 블랙(Matthew Black), 알렌 윅그린(Allen Wikkren)이었다. 제2판과 제3판의 편집자들의 명단에는 로마의 교황성경학회 일원인 캐롤 엠 마티니(Carol M. Martini)가 포함되어 있으며 스폰서들은 ‘연합성서공회’(United Bible Societies)라고 명명했다. 제3판 서문에는 네슬 원문 23판과 동일하다고 언급되어 있다. 이전의 네슬 원문 편집자들처럼 성서공회(Bible Societies)의 편집자들 역시 신약을 자연인의 관점에 따랐다는 것은 단지 미비한 사본의 증거로 예수님의 신성을 강탈하여 요셉에게서 태어난 것으로 언급한 사실에서 알 수 있으며 그들이 마태복음 1:16을 건너뛰어 읽도록 주석을 붙인 것은 이러한 사실에 대한 증거로 전혀 부족하지 않다.

이제 우리가 판단해야 할 사실은 "이와 같이 변개된 헬라어 원문에서 번역된 성경이 하나님의 영감으로 기록된 온전한 성경이라고 할 수 있겠는가?" 하는 것이다.

## 9. 표준원문을 따라서 변화된 네슬 - 알란드 26판

앞에서도 잠시 언급했지만 오늘날 많은 사람들, 그 중에서도 특히 성경 원문에 관하여 나름대로 공부를 했거나 성경을 출판하는 기관에서 일하는 사람들에게서 볼 수 있는 순수하지 못한 현상은 그들 자신들이 미비하다고 비평하는 전통원문에서 어휘들을 빼어내어서 자기들의 삭제된 부분들을 메우고 있다는 사실이다. 이러한 현상은 네슬-알란드의 헬라어 신약성경에서 많이 발견할 수 있다. 1898년 네슬판은 1881년의 웨스트코트-홀트판과 거의 같다. 그런데 1980년 이후에 출간된 네슬 판과 그 이전의 약 90년 동안에 출간된 그들의 신약성경을 비교해 보면 그들이 얼마나 당황하며 자기들의 수치(삭제시킨 부분들)를 가리려고 했는지를 엿볼 수 있다.

커트 알란드(Kurt Aland)는 분명히 그의 저서 〈신약사본〉(1986)에서 "네슬 25판은 그 원문뿐만 아니라 그 비평장치에 있어서도 현대의 지식수준에 훨씬 미흡하니 즉시 그 사용을 중단하라."고 했고 그 대신 26판을 사용해 달라고 했다. 그러나 25판에서 삭제된 부분들이 어떻게 26판에서 갑자기 나올 수 있었겠는가? 네슬은 1898년도에 삭제시켰던 부분들을 헬라어 표준원문에서 (약 20개 되는 전통원문 계열의 사본에서) 뽑아내어

1980년도 판에 삽입시켰던 것이다. 기존의 한글 성경들은 한결같이 네슬 25판을 선호하였다. 그런데 네슬 25판의 뒤를 따르던 대한성서공회와 생명의말씀사의 성경번역자들은 자기들이 쫓던 기관차가 갑자기 사라져 버림으로써 멈춰 버릴 수밖에 없는 객차 신세가 되어 버렸다. 한글 개역성경(그외 성경들의 대표격)에 상당한 오류가 있음은 자타가 인정하는 바다. 그런데 과연 누가 그 성경을 고쳐서 바로잡아 놓을 것인가? 아마 아무도 없을 것이다. 그 성경에서 한 자라도 고치게 되면 그들 스스로가 미비하다는 사실을 시인하는 것이 되기 때문이다.

어떤 사람들은 생각하기를 1980년대에 와서 뭔가 새로운 것을 찾아내어서 고치고 있다고 생각할지 모른다. 그것은 표준원문(한글킹제임스성경 원문)에서 빼내어서 그들 성경에다 재삽입시키는 것 외에는 아무 것도 아니다. 이와 같은 맥락에서 볼 때에 한글 개역성경은 어떤 사본도 전승하지 못하였다. 원문비평학적으로 평가한다면 아무 가치도 인정받을 수 없는 성경이 되어 버린 것이다. 차라리 한글 개역성경의 원문 성경이 삭제시킨 곳을 삭제된 채로 놔두었다면 그나마 그들끼리의 사본 계열은 되었을 것이다. 그런데 그 원문과는 상관없이 누군가가 임의대로 첨삭시켰음을 볼 수 있다. 그러한 첨삭 작업의 근거가 무엇인지 궁금하다. 누가 무슨 권위로 그들이 가장 무오하다고 믿는 성경에 변개를 가할 수 있다는 말인가?

## 10. 표준원문을 근거로 해서 번역된 성경은 신뢰할 수 있다

성경 필사본과 관련된 모든 사실 가운데 가장 경이로운 일은 우리가 신뢰할 수 있는 성경을 가지고 있다는 점이다. 하나님의 말씀이 영감으로 기록되었다는 것도 신비이지만 표준원문으로 보존되었다는 것 역시 하나의 신비가 아닐 수 없다. 이 원문에 대한 비평과 시비가 있지만 증명되지 않는 가정 위에서 펼쳐지고 있음을 볼 수 있다. 즉 원래의 성경 필사본 가운데 표준원문보다 더 오래되고 보다 신뢰할 만한 사본이 있다는 등의 가설이다. 그러나 지난 1900년 동안에 일점 일획이 삽입되었거나 삭제되었다고 증명한 사람은 단 한 사람도 없었다.

앞에서도 설명하였지만 의심할 여지도 없이 웨스트코트와 홀트는 소위 "중립사본"에서 성경을 의도적으로 변질시킨 것을 알 수 있는데 그것은 표준원문을 제쳐놓기 위한 변명의 구실을 마련하기 위해서였다. 그들이 변개시키고 삭제시켰던 모든 단어와 구와 절은 그들이 만든 변개된 성경에 증거로 남아 있다. 그러나 한 가지 확실한 사실이 있다면 그것은 하나님의 섭리로 보존된 표준원문을 근거로 해서 번역한 성경은 신뢰할 수 있다는 것이다.

## 11. 구라틴벌게이트(Old Latin Vulgate)는 표준원문과 일치한다

로마 국가에서 가장 오래된 성경의 원문은 구라틴벌게이트라고 알려져 있다. 이 구라틴은 제롬(A.D. 340-420)의 시대보다 훨씬 앞서 있었던 것이다. 원래 라틴 벌게이트(Latin Vulgate)란 용어는 표준원문에서 번역된 구라틴(Old Latin)을 말한다. 그런데 1546년 4월 8일 트렌트 공회(Council of Trent)에서 제롬이 번역한 라틴 개역본이 로마교회의 참된 성경이라고 선언된 후에 라틴 벌게이트가 되었고 구라틴은 라틴 벌게이트의 자리를 내주고 구라틴 혹은 구라틴 벌게이트로 불리게 되었다. 그러나 표준원문에서 번역된 구라틴(Old Latin)은 표준원문과 일치하는 역본이다.

## 12. 킹제임스성경은 원본을 가장 잘 전승한 영어 성경이다

영어 개역본(RV) 구약번역위원회는 10년 동안 비밀리에 만났다. 신약번역위원회 역시 10년 동안은 비밀리에 만났다. 모든 것이 비밀리에 이루어졌다. 왜 그처럼 비밀리에 이루어졌는지에 관해서 의아해 하지 않을 수 없다. 웨스트코트와 홀트의 출판되지 않은 새로운 헬라어 사본은 그들이 20여 년에 거쳐 한 부분씩 손질했으며 이것은 비밀리에 개역위원회에 위탁되었다. 10년 동안 개역본 번역자들에게는 침묵을 지키라는 강력한 규율이 적용되었음이 모든 보고서를 통해서 알려지고 있다. 그 성경을 기다리고 있던 대중은 계속 불안한 가운데 있었다. 세상은 그 개역본이 시장에 뿌려져서 놀라운 판매실적을 올릴 때까지 어떻게 진행되었는지 전혀 모르고 있었다. 1952년 9월 30일 개역표준역본(RSV)을 대중 앞에 내 놓을 때도 목사들이 그 새로운 성경르 검토해 볼 만한 여유를 갖지 못한 채 "같은 것과 동등한 것은 서로 동등하다"는 개역본에 대한 과대한 홍보운동으로 인하여 교회의 문을 열어주어야 했다.

그러나 〈킹제임스성경〉의 번역은 모든 면에서 1881년의 개역본과는 달랐다. 1604년 7월 22일 영국의 제임스왕은 성경을 번역하기 위하여 54명의 히브리어 학자들과 헬라어 학자들을 임명하였음을 공포하였다. 이들에 의해 번역된 성경이 바로 〈킹제임스성경〉(King James Version)이며 일명 인정받은 역본(Authorized Version)이라 불린다. 이 학자들은 여섯 그룹으로 나뉘어서 별도로 만났다. 두 그룹은 캠브리지(Cambridge)에서 만났고 두 그룹은 옥스퍼드(Oxford)에서 또 다른 두 그룹은 웨스트민스터(Westminster)에서 만났다. 각 그룹은 성경의 어떤 부분을 분담하여 영어로 번역하였다.

학자마다 자기가 맡은 번역을 먼저 한 다음에 자기 그룹에 다른 멤버에게 넘겨주어서 검토하게 했다. 책 한 권의 번역이 끝나면 다른 다섯 그룹에 보내어서 그들로 하여금 각기 독립적인 비평을 하도록 했다. 이런 방법을 취함으로써 각 권의 번역이 전체 번역자들의 손과 마음을 거쳐 나왔던 것이다. 만일의 실수에 대비하기 위하여 세 그룹을 합친 데서 두 사람씩을 선별하여 그 인원들로 또 하나의 위원회를 만들었다. 번역된 전체 자료가 이 선별된 위원회 앞으로 모아지면 그 곳에서 제반 의견의 차이가 조정되고 해결되었다. 여기에 마지막 손길이 가해져서 1611년 〈킹제임스성경〉은 인쇄인에게 넘겨질 수 있도록 준비가 완료되었던 것이다. 전과정을 통해서 성령님의 인도하심과 분별하심이 요청되는 체계화되고 조직적인 철저한 작업이었다.

〈킹제임스성경〉의 번역자들은 한결같이 그들이 다루고 있는 성경 필사본 안의 단어는 물론이요 점과 획까지도 하나님의 영감으로 이루어졌다는 것을 믿었다. 히브리어 필사본이나 헬라어 필사본에 없는 단어이지만 원천언어와 수용언어 간의 상이함으로 인하여 필요하다고 인정되는 단어들은 문장의 용이함을 위하여 사용했으며 이런 단어들은 이태릭체로 표기했다. 이 밖에도 번역하는 중에 어떤 모호함이나 난해함에 직면하면 전국에서 신실하고 유식한 사람들을 편지로 초대하여 그들의 의견을 듣고 참조하였다. 각 교구의 감독들은 자기 교구의 성직자들에게 작업의 진행과정을 통보해 주었으며 그리하여 어떤 사람이 특별한 자기 소견을 보내려고 하면 그렇게 하도록 일러주었다. 이렇게 하여 변개되지 않은 원문에서 온전한 하나님의 말씀으로 번역된 〈킹제임스성경〉은 출간된 이래 9억만 권 이상이 판매되었고, 800개 이상의 다른 언어로 번역되었으며 지금까지 350년 동안 참된 하나님의 말씀을 분별하는 성도들에게 인정받고 있다.

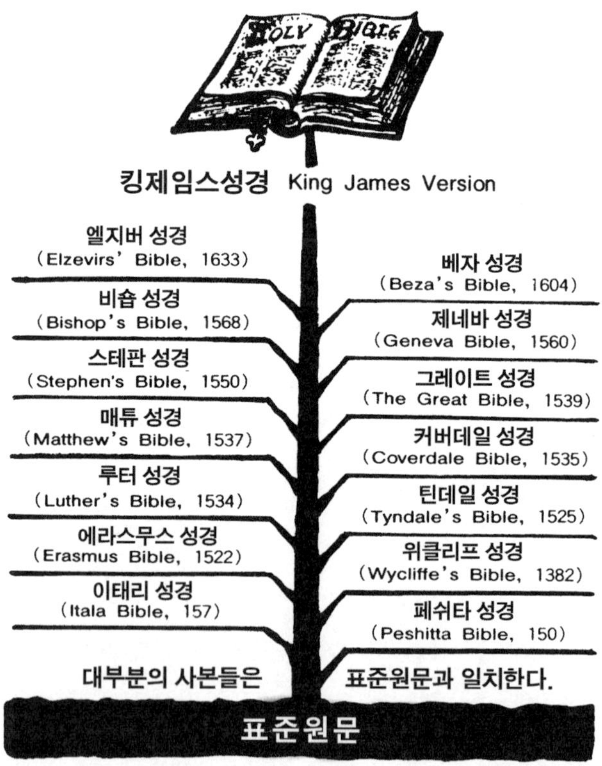

제 5 장

# 성경적 성별

표준원문(Textus Receptus)을 따르던 그리스도인들은
주 예수님을 부인하지 않고 순교했다.

# 제 5 장
# 성경적 성별

## 1. 하나님께서 우리에게 주신 성경

성경은 B.C. 1650년부터 A.D. 96년까지 1700여 년에 걸쳐 하나님으로 부터 직접 영감을 받은 40여 명의 기록자들에 의해 기록되었다. 각 성경에 저자라는 말은 해당되지 않을는지 모른다. 왜냐하면 하나님 한 분만이 저자이시고 인간은 단순히 하나님의 말씀을 영감으로 받아 기록한 도구에 지나지 않기 때문이다. 그러나 성경 66권의 저자는 하나님이시지만 그 책을 기록한 기록자 역시 중요하다. 그것은 그 기록자가 누구인지에 따라 정경을 확정짓는 데 중요한 기준이 되기 때문이다. 성경이 하나님의 영감으로 기록되었다는 근거는 상호 인용한 성경 구절과 주 예수 그리스도의 증거로 뒷받침되며 기록자들의 한결같은 간증을 통하여서도 수없이 증명되어 왔다.

사도 요한만이 신약성경의 기록자들 가운데 순교자로서 비참한 죽음을 겪지 않았던 유일한 기록자였다. 신약성경이 완성된 후 신약성경의 필사본을 일반 시민의 통상 용어로 번역한 대부분의 사람들은 사형에 처해졌다. 역사를 통하여 잔악한 살인 행위를 자행했던 사람들은 그리스도의 일꾼임을 자처한 사람들로서 소위 성직자였다는 것은 대단히 놀랄 만한 일이다. 하나님의 영감으로 기록된 말씀을 보존하려는 사람들이, 하나님의 말씀을 인간의 생각과 종교적 관습과 전통으로 바꾸어 버린 사람들에 의해서 박해를 받고 죽임을 당했던 것이다.

그러나 수많은 어려움 가운데서도 하나님께서는 섭리로 말씀을 보존하셔서 우리에게 변개되지 않은 원문에서 온전한 하나님의 말씀으로 번역된 성경을 주셨다. 그런데 하나님께서 주신 그 성경은 과연 어떤 성경인가?

만약 히브리어를 잘하는 학자가 히브리어 맛소라 원문(Masoretic Text)이 훌륭한 원문이라고 말했다고 하자. 또 헬라어를 잘하는 학자가 전통원문 계열의 표준원문(Textus Receptus)이 원문을 잘 계승한 훌륭한 헬라어 원문이라고 말했다고 하자. 또 영어를 잘하는 학자가 〈킹제임스성경〉이 최초의 원본을 가장 잘 전승한 최고의 영어 역본이라고 말했다고 하자. 이런 말을 듣는 한국인에게서 어떤 대답을 기대할 수 있겠는가? 절대 다수의 사람들은 히브리어나 헬라어 그리고 영어를 잘 모르기 때문에 이런 말에 대한 공감을 얻기란 매우 어렵다. 설사 몇 명의 사람에게 동의를 얻었다 해도 그것이 우리 나라 성도들에게 무슨 유익이 있겠는가? 물론 위에서 언급한 원문과 성경은 그지없이 훌륭한 참된 성경임에는 틀림이 없다.

그러나 우리에게는 이러한 원문에서 정확하게 직역한 한글 성경이 필요할 따름이다. 이런 이유로 지난 120년 동안 우리 나라에 없었던 성경이 하나님의 인도하심으로 1990년(신약)에 출판되었는데 바로 이 성경이 변개되지 않은 참된 하나님의 말씀을 원문(헬라어 표준원문)에서 직역하여 한글로 정확히 수용한 〈한글킹제임스성경〉이다.

## 2. 하나님께서 가르치신 성경적 성별

하나님께서는 성경를 통하여 교회일치운동(Ecumenical Movement), 즉 모든 기독교 교파들은 하나의 세계적인 모임으로 연합해야 된다고 가르치지 않으셨다. 그 대신 하나님의 말씀은 참 성도들과 거짓 성도들 사이의 분리 즉 성별(Biblical Separation)이 있어야 된다고 가르치신다. 하나님께서는 파라오와 그의 이방 대상들에게 말씀하실 때 『**내가 내 백성과 네 백성 사이에 구별을 두리니...**』(출 8:23)라고 하셨다. 여기에서의 구별은 히브리어의 여러 뜻 가운데 구속(Redemption)의 의미로 번역되는데, 시편 111:9과 130:7에서와 같다. 이 말은 하나님의 구속 계획은 참 성도들의 교제와 믿지 않는 자들의 교제를 분리시키는 것에 있다는 뜻이다. 여기서 믿지 않는 자들이란 거듭나지 못한 채 무의미하게 신앙을 고백하는 사람들을 말한다. 예수님께서도 말씀하시기를 『**내가 세상에 화평을 주러 왔다고 생각하느냐? 내가 너희에게 말하노니 아니라, 오히려 분쟁케 하러 왔노라. 이제부터는 한 집에 다섯이 있으면 갈라져서 셋은 둘에 대적하고 둘은 셋에 대적하리라. 아버지는 아들과 대적하고, 아들은 아버지와, 어머니는 딸과, 딸은 어머니와, 시어머니는 며느리와, 며느리는 시어머니와 대적하여 갈라지리라.**』(눅 12:51-53, 마 10:34-36)고 하셨다.

사도 바울도 이 점에 관하여 다음과 같이 기록한다. 『**믿지 않는 자들과 멍에를 같이 메지 말라. 의가 불의와 어찌 관계를 맺으며 빛이 어두움과 어찌**

**사귀겠느냐?** 그리스도**가 벨리알과 어찌 조화를 이루며 또한 믿는 자가 믿지 않는 자와 어떤 부분을 같이하겠느냐?** 하나님**의 성전과 우상들이 어찌 일치되겠느냐? 이는 너희가 살아 계신** 하나님**의 성전임이라.** 하나님**께서도 말씀하시기를 "내가 그들 가운데서 살 것이며 그들 가운데서 다닐 것이며 나는 그들의** 하나님**이 되고 그들은 나의 백성이 되리라. 그러므로** 주**가 말하노라. 너희는 `그들에게서 나와 따로 있고 더러운 것을 만지지 말라. 그리하면 내가 너희를 영접할 것이며 또 나는 너희에게** 아버지**가 되고 너희는 내 아들들과 딸들이 되리라.** 전능하신 주**가 말하노라."고 하셨느니라**』(고후 6:14-18).

히브리서 13:12-13에서도 말씀하시기를『**그런즉** 예수**께서도 자신의 피로써 사람들을 거룩하게 하시려고 성문 밖에서 고난을 받으셨느니라. 그러므로 우리도 그의 수치를 짊어지고 진영 밖에 있는 그에게로 나아가자.**』라고 하셨다. 그때 당시의 진영이란 배교한 유대교였다. 오늘날 그 진영이란 우리 주님께서 우리 믿는 성도들을 분리시키시는 교회일치운동, 즉 거짓으로 신앙을 고백한 사람들과 더불어 갖는 세계적인 친교를 말한다.

베드로후서 1:21에 보면『**예언은 예전에 사람의 뜻에서 나온 것이 아니요 오직** 하나님**의 거룩한 사람들이** 성령**으로 감동을 받아 말한 것이니라.**』고 했다. 에큐메니칼 교회는 객관적인 교리가 제거된 "인간이 만든 성경"으로 그 말씀을 바꿔 버렸다.

그리스도인의 신앙은 세뇌로 이루어지지 않고 영으로 거듭나면서 사작된다. 우리가 거듭나야 하는 이유는 우리가 죄성을 지닌 생명으로 태어남으로 그 죄로 인하여 죽게 되기 때문이다. 인간은 아무리 선하고 의롭게 행동하여도 이 죄의 문제를 해결하지 않는 한 인간 스스로 구원을 이룩할 수 없는 것이다. 우리가 해야 할 일은 예수님께서 십자가에서 피흘려 죽으심으로 우리

각 개인의 죄를 다 용서하셨다는 사실을 믿어야 한다(롬 10:9,10). 그리고 그 다음은 나의 죄를 용서해 주신 주님을 자신의 구세주로 영접해야 한다(요 1:12). 우리가 이렇게 믿고 행하는 근거는 하나님의 말씀인 성경에 그렇게 기록되어 있기 때문에 그대로 믿는 것이다. 사람들이 성경적 사실을 믿을 때 구원을 받는 것이다. 구원받지 못한 사람이 있다면 그 사람이 성경에 기록된 이와 같은 사실을 믿지 않았기 때문에 구원을 받지 못한 것이며, 또 한 가지는 그가 믿으려고 하지만 변질되고 삭제된 틀린 성경으로 인하여 그 믿음이 형성되지 못했기 때문에 구원받지 못한 경우이다. 그렇다면 이제 우리가 믿음에 확고히 서서 구원받은 자녀로서 하나님을 잘 섬기려고 한다면 믿음의 근거인 성경에서부터 구별되어야 할 것이다.

## 3. 성경에 대한 한국 교계의 태도

우리 나라의 교계 지도자들과 그리스도인들은 일단의 사람들, 즉 성경을 번역하고 출판하고 보급하는 일을 전담하겠다고 자원한 사람들에게 너무 많은 신뢰를 줌으로써 그들 마음대로 원문을 선택하고 번역하도록 허락하는 오류를 범하였다. 성경의 무오무흠은 오직 올바른 원문에 한하여 일컫는 것인데도 그들은 그렇지 못한 변개된 성경에도 가치를 부여해서 마치 변개된 성경까지도 무오무흠한 것처럼 속였던 것이다.

우리 나라의 신학대학이나 대학원에서 신약 원문비평학을 가르치는 곳은 한 곳도 없다. 어떤 성경이 올바른 하나님의 말씀인가를 구별해 내는 이 과업만큼 중요한 학문이 어디 있겠는가? 하나님을 연구하는 학생과 교수들이 말씀이신 하나님을 온전한 말씀 없이 어떻게 잘 가르칠 수 있는지 의심하지 않을 수 없다.

우리 나라에 신약 원문비평학이 자리잡지 못한 몇 가지 이유가 있다. 첫째, 온전하지 못한 성경을 사용하기 때문이다. 신약 원문비평학을 기존의 성경으로 공부하게 되면 그 성경의 오류와 허구가 폭로되기 때문에 원문비평학 연구를 시도하지 않았던 것이다. 둘째, 기존의 성경으로는 원문비평학을 공부할 수 없게 되어 있다. 소위 가르치는 위치에 있는 교수나 목사들이 묵인하고 덮어 주어 온 것이 어언 120년이나 되었기 때문이다.

『**이 백성이 입으로는 나에게 다가오고, 또 입술로는 나를 공경하여도 그들의 마음은 내게서 멀도다. 사람들의 계명들을 교리들로 가르치니, 그들이 나를 헛되이 경배하는도다**』(마 15:8-9).

## 4. 말씀 보존과 상관없는 한글 성서들의 출판

그동안 우리 나라 성경의 번역 및 출판을 전담해온 기관은 대한성서공회였다. 그러나 대한성서공회를 책임을 다한 신뢰할 수 있는 기관으로 인정할수 있는가? 그렇지 못하다. 그 증거로 몇 가지 예를 들 수 있다.

첫째, 공동번역의 출판이다. 공동번역이 거의 마무리될 무렵 대한성서공회는 현재의 개역성경을 폐기하기로 결정했었다. 이러한 사실을 대한성서공회 관계자들은 비밀로 여기고 있으나 이는 이미 알려진 사실이다. 한글 개역성경의 문제점은 심각하다. 〈한글킹제임스성경〉과 한글 개역성경을 비교해 볼 때 한글 개역성경은 신약성경에서만도 무려 2,200여 단어가 삭제되었고 그 외에도 오역, 첨가 등은 물론이요 원문비평학적 근거에서 볼 때에 어떤 특정한 원문을 수용하여 번역한 것이 아닌, 즉 근본이 없는 성경이다. 심지어 천국(kingdom of heaven)과 하나님의 나라(kingdom of God)조차도 구별할 수 없다. 그 동안 이 성경에 가해진 공식적인 수술인 개정 작업이 64회였다는 것만 보아도 그 심각성은 짐작되고도 남는다.

둘째, 동일한 알렉산드리아 원문 계열에서 현대인의 성경과 표준신약이 번역되어 출판되었으나(생명의 말씀사) 이를 막지 못한 점이다. 필자가 여기서 말하고 있는 것은 어떤 실정법의 구속력을 의미하는 것은 물론 아니다. 대한성서공회는 그런 권리가 없다. 만일 대한성서공회가 우리나라 성경의 번역 및 출판 보급의 책임을 다했던들 굳이 생명의 말씀사와 같은 다른 출판사에서 그 어려운 성경 작업을 시행했겠느냐는 것이다.

셋째, 대한성서공회는 초대 교회로부터 맥을 이어온 전통원문(다수 필사본, 비잔틴 원문)에서 한글 성경을 번역하지 못한 점이다. 세계의 주요 언어는 물론이요, 영어 성경의 왕자격인 〈킹제임스성경〉, 독일 루터 성경 등이 번역된 인정받은 원문(The Received Text), 즉 표준 원문(Textus Receptus)에서 번역하지 못한 책임이 있다.

이러한 사실을 볼 때 과연 그들이 책임을 다한 기관이며 또한 올바로 하나님의 일을 한 사람들인지 의심하지 않을 수 없다. 이제 대한성서공회는 원근 각처의 성도들로부터 독촉을 받게 되자 새번역을 내놓겠다고 한다. 이것 또한 동일한 원문에서 번역한 것인데 그렇다면 대한성서공회는 어떤 성경이 올바른 하나님의 말씀이라고 자신있게 말할 수 있는가? 미국성서공회처럼 이것도 저것도 아닌 장사 속으로 내놓겠다는 것인가? 대한성서공회는 대표적 성경을 성경 독자에게 추천해야 할 것이다. 우선 개역성경, 공동번역, 새번역 중에 어떤 것이 대표적인 성경인가를 밝혀내야 한다. 다른 원문에서 번역한 성경은 학문적 목적이나 진짜 원문과 비교해 보는 대조용으로 그 필요에 따라서 나올 수 있다고 본다. 그러나 자칭 교계의 성경 출판을 전담해 왔던 기구로서 똑같은 원문에서 몇 가지 다른 성경을 출판할 때에는 상당한 설득력이 있어야 한다. 이와 같은 경우를 들어 성경에서는 이렇게 말씀하고 있다. 『**오히려 감추어진 수치스러운 일들을 버리고 교활함 가운데서 행하지 아니하고** 하나님**의 말씀을 거짓되이 다루지 아니하며 오직 진리를 나타냄으로써** 하나님 **앞에서 우리 스스로를 각 사람의 양심에 추천하노라**』(고후 4:2).

또한 예수님께서 말씀하시기를 『**살리는 것은 영이니, 육은 전혀 무익하니라. 내가 너희에게 한 말들은 영이요, 생명이라.**』(요 6:63)고 하셨다. 사도 바울은 『**또한 우리가 그것들을 말하되 인간의 지혜가 가르치는 말로 하지 아니하고** 성령**께서 가르치시는 말로 하나니 영적인 일들을 영적으로 비교하여 말하느니라.**』(고전 2:13)고 기록하였다. 이 말이 사실이라면 의역 성경은 인간의 지혜로 인간의 마음속에서 기인된 것이기에 참된 하나님의 말씀이 될 수 없다. 한글 성경이나 영어 성경을 불문하고 대부분의 성경들과 의역 성경들은 하나님의 지혜를 거부한 인간 지혜의 산물이라는 것이다. 디모데후서 3:16의 말씀은 『**모든 성경은** 하나님**의 영감으로 주어진 것으로 교리와 책망과 바로잡음과 의로 훈육하기에 유익하니**』라고 했다. 이 말씀에 비추어 볼 때 구원받은 성도들은 전체 하나님의 말씀을 훼손시키지 않은 한 덩어리로 받아야 한다. 이는 영감으로 기록된 그 말씀이 성도들을 믿음의 자녀로 성장할 수 있게 하기 때문이다. 그러므로 하나님의 말씀은 깨어지거나 변개되어서는 안 된다. 그러나 의역인 현대인의 성경은 영어 리빙 바이블(Living Bible)을 번역한 것이기에 200개의 주요 성경 구절에서 130개를 제외시킨 성경이며, 하나님의 영감을 대신하여 인간의 생각이 첨가된 성경이다.

하나님께서는 자신의 말씀을 자신의 모든 이름보다 더 높이셨다(시 138:2). 창조된 세상들은 그리스도의 높으신 이름을 높이고 있다. 그러나 하나님께서는 이 모든 것보다도 그분의 말씀을 더 높이고 있다. 어떤 형태로든지 인간이 하나님의 말씀보다 더 존귀할 수는 없다. 만일 하나님의 말씀이 손상을 입어도 된다면 하나님의 이름은 가치없게 될 것이다.

『**주의 말씀들은 순수한 말씀들이라. 흙 도가니에서 단련되어 일곱 번 정화된 은 같도다. 오 주여, 주께서 이 말씀들을 간수하시리니 주께서 이 세대로부터 영원토록 그것들을 보존하시리이다**』(시 12:6-7).

이와 같이 하나님의 말씀을 변개하여 삭제, 첨가, 오역 혹은 의역시킴으로써 말씀에 훼손을 가한다면 그것은 곧 하나님을 모독하는 행위인 것이다. 이것은 단순히 하나님의 말씀만을 훼손시키는 것이 아니라 신앙 자체를 파괴하는 무서운 행위임을 알아야 한다. 의역성경은 삭제, 오역은 물론이요 원래 하나님의 영감으로 기록된 말씀을 인간의 생각으로 대체시킴으로써 영감 자체를 무시해 버리고 있는 것이다. 하나님의 말씀을 훼손시키는 것은 절대로 그리스도인의 행위라 할 수 없다. 태초부터 사탄은 하나님의 말씀을 변개하여 그 변개된 말씀으로 성도들을 미혹하였으며, 또 사람들을 믿지 못하게 하거나 잘못 믿도록 끊임없이 역사해 왔다.

## 5. 이익을 추구하는 성경 출판

하나님께서는 어떤 성경이 옳은 성경이라고는 말씀하지 않으셨으나 성경을 변개시키지 말라는 말씀은 하셨다(계 22:19,20). 그런데도 하나님의 말씀을 삭제시키고 왜곡시키며 인간의 생각으로 의역하는 사람들이 권위

있는 듯한 이름을 내세우고 하나님의 말씀 보존에는 역행하면서 돈벌이에만 열을 올리고 있다(고후 2:17), 즉 변개되고 의역한 성경이 나오게 된 하나의 배경과 그 이유가 돈 때문이라는 사실이다. 본서에 거론된 신약성경은 헬라어, 영어 그리고 한글 성경을 총망라해서 약 50여 가지인데, 표준원문에서 번역된 성경으로서 독일어 루터 성경과 영어 〈킹제임스성경〉 그리고 새성경을 제외한 거의 모든 성경은 돈벌이와 연관이 있다. 지금까지 성경이 나와서 베스트 셀러가 되지 않은 때는 거의 없다. 미국의 성서공회나 연합성서공회(United Bible Society)는 물론이요 대한성서공회도 마찬가지이다. 원문 보존을 위한 측면에서 볼 때 똑같은 원문 계열에서 세 가지 성경(개역, 공동번역, 새번역)이 발간될 이유가 없는데도 여러 성경이 나온 것은 이러한 이유에서가 아닐까? 만일 대한성서공회가 올바른 하나님의 말씀 보존에 관심이 있었다면 당연히 헬라어 표준원문에서 번역된 〈한글킹제임스성경〉과 같은 성경을 오래전에 출판했어야 했다.

현재까지 출간된 영어 성경은 〈킹제임스성경〉에 대항하기 위해서 나왔다고 해도 과언이 아니다. 미국표준역본(ASV), 개역표준역본(RSV), 새국제역본(NIV), 새미국표준역본(NASV), 새영어 성경(NEB)등은 같은 원문에서 번역된 대동소이한 성경들이며 우리 나라의 기존 성경들도 같은 맥락에서 번역되었다. 이는 기존 한국 성경들, 즉 대한성서공회에서 출간된 한글 개역성경, 공동번역, 새번역과 생명의말씀사에서 출간된 현대인의 성경, 표준신약은 한결같이 네슬-알란드 (Nestle-Aland) 25판을 원문으로하고 있고, 영어 성경으로 미국표준역본(ASV), 새미국표준역본(NASV), 개역표준역본(RSV), 새국제역본(NIV), 리빙 바이블(Living Bible) 등을 제시하기 때문이다.

그런데 같은 원문에서 왜 여러 가지 성경이 번역되어야 하는가? 성경은 어느 시대와 장소를 물문하고 책 중의 책이요, 베스트셀러였다. 온전한 하나님의 말씀이 엄연히 존재하는데도 그 말씀을 존중하기는 커녕 변개된 성경을 진짜 성경인 것처럼 보급하면서 얻어들인 것은 돈뿐이다. 어디 그뿐인가? 마구잡이로 펴낸 주석성경에 갖가지 이름을 붙여서 성경이란 이름으로 내놓고 있어 마치 성경의 종류가 더 많은 것처럼 보인다. 이들은 톰슨, 엠마오, 오픈, 라이프, 셀프, 만나 등등의 이름으로 한글 개역성경에 주석을 달고 가죽옷을 입혀 온전한 원문과는 관계없는 성경들을 내놓고 돈을 벌기 위한 치열한 경쟁을 벌이는 것을 볼 수 있다. 대한성서공회는 이러한 성경을 만드는 출판사들에게 로얄티를 받고 변개된 성경을 팔고 있으니 더더욱 한심한 일이 아닐 수 없다. 또한 이러한 주석성경은 미국의 주석서들을 붙여서 출간한 것으로서 원래 미국에서는 〈킹제임스성경〉에 주석을 사용한 것인데 이러한 주석을 한글 개역성경과 대조시키고 있기 때문에 본문과 해석이 맞지 않는 곳이 상당수 있는 것은 지극히 당연한 일이다. 이렇듯 다양한 성경들로 인해서 오늘날 대다수의 성도들은 상당히 혼란스러운 상태에 있다.

## 6. 참된 성경이 없는 사람들의 현실

우리 나라는 세계에서 하나님을 가장 잘 섬기는 나라 가운데 하나라고 알려져 있다. 그러나 하나님의 올바른 경전인 성경도 없이 어떻게 하나님을 잘 섬기고 있다고 말할 수 있는지 의문스럽다. 『**태초에** 말씀**이 계셨고, 그** 말씀**이** 하나님**과 함께 계셨으니, 그** 말씀**은** 하나님**이셨느니라.**』(요 1:1) 고 성경은 증거하고 있다. 하나님을 변개된 말씀으로 섬긴다면 어찌 하나님께서 기뻐하시겠는가? 이런 점에서 우리 나라의 대다수 교계 지도자들과 개신교회의 목자들 그리고 성도들은 참된 하나님의 말씀을 한글 성경으로 접해 보지 못했던 것이다. 왜냐하면 변질되지 않은 성경이 출판된 것은 1990년 봄이었기 때문이다. 그 이전까지는 한글 개역성경이 변질된 원문에 근거해서 잘못 번역된 채로 성경으로 쓰여졌고 성도들에게는 변질되지 않은 성경을 선택할 하등의 재량권도 없었다. 다시 말해서 선호할 성경이 없었던 것이다. 이미 대다수의 사람들은 개역성경에 익숙해 있고 개역성경에 의해 그들의 생각이 굳어져 버렸다. 심지어 성경의 무오무흠이 한글 개역성경의 무오무흠으로 잘못 알고 있는 사람들이 대다수이며 성경을 고치면 안 된다고 하니까 한글 개역성경을 고치면 안 되는 것으로 아는 사람이 대다수이다. 이것이 다 참된 하나님의 말씀을 접해 보지 못한 사람들의 모습인 것이다. 잠시 미국의 경우를 들어보자. 영어성경은 대개 26가지로 분류하는데 이들 중에는 별 희한한 성경이 다 있다. 최근에 나온 새개역표준역본(New Revised Standard Version)은 성경이 남성 위주로 되어 있다고 해서 남성과 여성을 섞어 혼합성 즉 중성으로 표기한다는 기치 아래 나왔다. 이것이 하나님의 말씀과 무슨 연관이 있는가? 참된 하나님의 말씀과 인간이 자기 마음대로 고쳐 쓴 성경은 분명히 다르다. 그런데 문제는 이것을 만드는 사람과 이 성경을 좋다고 칭찬하는 사람들이다. 새개역표준역본(NRSV)은 브루스 메쯔거(Bruce Metzger)가 감수했는데, 그는 자연주의 학파로, 일찍이 개역표준역본(RSV)의 번역에 참여했던 성경 오염의 일등공신이다. 그러한 성경을 좋다고 칭찬하는 사람들이 그리스도인들이겠는가? 공부를 아무리 많이 했다 하여도 성령께서는 필요없는 것을 많이 배운 학자에게 조명하시지 않으시고 거듭난 성도로서 참다운 하나님의 말씀을 많이 읽고 기도하기를 쉬지 않는 형제, 자매에게(비록 많이 배우지 못했다 할지라도) 더 많이 조명하신다는 사실을 잊지 말아야 할 것이다(고전 1:19-31).

현재의 네슬-알란드 판에서 번역되어 나온 개역성경과 기존 성경으로는 하나님께서 인간에게 주시고자 하시는 오묘한 진리가 계시될 수도 없고 인간이 그 성경을 통하여 그것을 알아차릴 수도 없다. 삭제된 부분과 오역된 부분들로 인하여 변경된 교리를 정상적인 신학교리로 알고 가르치고 있기에 혼란에 혼란을 거듭하고 있으며 교단의 교리가 진리 위에 군림하며 활거하고 있는 것이다. 뿐만 아니라 영적 양식의 결핍으로 교인들의 영적 지식 수준은 유치하기 그지없으며 그 수준에 맞춘 교회 사역 역시 소년기를 벗어나지 못하고 있다. 교회 설교나 방송 설교를 막론하고 구원의 복음이 아닌 그리스도인의 도덕 강론이 더 우세하다. 그 외에도 영적 양식을 공급해 주었다면 당연히 영적 재생산이 이루어져야 한다. 기독교 서점가의 책들을 보자. 누구누구의 설교집, 주석서, 조직신학 등등이다. 매일의 양식(Our Daily Bread)같이 작은 책자마저도 번역을 해서 쓰고 있는 것이 현실이다. 이 모든 일들의 원인이 올바른 성경이 없었기에 생겨난 일이라고 필자는 믿는다. 우리는 다같이 기도해야 한다. 하나님께서 영감으로 기록하신 그 말씀을 거듭난 그리스도인들의 성경으로 사용하도록 기도해야 하며 각자가 하나님의 참된 말씀으로 양육되도록 또한 기도해야 한다. 성경 말씀은 사도들의 생각에서 나온 것이 아니고 성령의 영감으로 리록된 것이다. 그 영감은 어떤 부분만이 아니고 성경 전체를 완전하게 주신 것이며 글자 하나하나에 주신 것이다. 그렇기 때문에 성경의 영감설을 믿는 사람은 성경을 삭제하거나 의역하는 데 동조하거나 방관해서는 안 된다. 성경대로 믿지 않는 사람은 곧 성경을 부인하는 사람이기 때문이다.

앞서 논의한 바와 같이 성경이 변개되고 오역되었다면 그것은 이미 생명을 주거나 견지해 줄 수 있는 능력이 없는 죽은 것이나 다름없는 것이다. 물론 이러한 형편 하에서도 교인의 수는 증가될 수도 있고 많은 수의 신자가 신앙의 고백을 할 수도 있다. 그러나 중생의 문제를 고려해 볼 때 그들 모두가 거듭났는가? 성령의 역사가 없이는 아무도 거듭날 수 없다. 성령께서는 건강한 그리스도인을 태어나게 하시기 위해서 독소 있는 혈관을 쓰시지 않는다는 것은 너무나 분명한 사실이다. 흔히들 한글 개역성경으로도 구원받는 데는 미흡하지 않다고 한다. 이 말에 대해 전적으로 부정하거나 전적으로 수긍할 수도 없다. 기존의 성경 말씀으로 거듭난 성도들도 있고 양육받은 성도들도 있다. 그러나 과연 그들의 영적 지식 수준이 어느 정도이겠는가? 필자 개인의 편견인지는 모르겠으나(편견이라도 좋다) 어떻게 해야 구원을 받는 것인지, 성령 침례의 의미가 무엇인지, 천국(kingdom of heaven)과 하나님의 나라(kingdom of God)가 어떻게 다른지, 휴거되지 않으면 어찌되는지, 대환란은 누가 겪을 것인지, 그리스도의 심판석(throne of Christ) 과 백보좌(great white throne) 심판은 무엇이며, 어떻게 구별되는지 등 이 같은 초보적인 질문에 만족하게 답해 줄 수 있는 성경 지식을 갖춘 성도가 몇 퍼센트나 되겠는가? 교회에서의 공중기도의 내용들, 사도신경 암송, 주기도문 암송, 십일조와 감사 헌금 및 각종 헌금자의 명단 공개, 유치하기 그지없는 주보의 광고란과 같은 이러한 양상들이 거듭나서 잘 양육받은 성도들의 증거이겠는가? 바로 이 모든 것이 참된 하나님의 말씀이 없음으로 말미암아 야기된 것들이다.

## 7. 신실한 성도들의 선택

올바른 성경과 틀린 성경 중에서 왜 굳이 틀린 성경을 사용하려고 하며, 삭제된 성경과 삭제되지 않은 성경 중에서 삭제된 성경을 고집하는 이유는 무엇인가? 이런 사람들은 말씀의 기근을 향해 달려가고 있으며 심판과 징책을 향하여 뛰어가고 있는 것이다.

아모스 선지자가 기록한 것은 이를 두고 하신 말씀이다. 『주 **하나님이 말하노니, 보라, 그 날들이 오리라. 내가 그 땅에 기근을 보내리니 빵의 기근도 아니요, 물로 인한 갈증도 아니라 오직 주의 말씀들을 듣지 못하는 기근이니라. 사람들이 바다에서 바다까지, 북쪽에서 동쪽까지 방황할 것이요, 사람들이 주의 말씀을 찾으려고 이리저리 달릴 것이나 그것을 찾지 못하리라**』(암 8:11-12).

또 예수님께서도 분명히 말씀하고 계신다. 『**나를 거절하고 내 말들을 받아들이지 아니하는 자는 그를 심판할 이가 있으니, 곧 내가 말한 그 말이 그를 마지막 날에 심판하리라**』(요 12:48). 우리가 이 말씀에서 알 수 있는 것은 마지막 날에 심판을 받는다는 사실이다.

뿐만 아니라 말씀을 변개시킨 사람에 대한 심판은 더욱 크다. 이에 대해 성경은 『**이는 내가 이 책의 예언의 말씀들을 듣는 각 사람에게 증거함이니 누구든지 이것들에 더하면** 하나님**께서 이 책에 기록된 재앙들을 그에게 더하실 것이요 또 누구든지 이 예언의 책의 말씀들에서 삭제하면** 하나님**께서 생명의 책과 거룩한 도성과 이 책에 기록된 것들에서 그의 부분을 제하여 버리시리라.**』(계 22:18-19)고 기록하고 있다.

B.C. 600년경에 예레미야 선지자를 통하여 하나님께서 말씀하시기를

『**내 백성 가운데 악인들이 발견되었으니... 그들은 덫을 놓아 사람들을 잡는도다.**』(렘 5:26)라고 하셨고, 『**선지자들은 거짓되이 예언하고... 그 마지막에는 너희가 어찌하려느냐?**』(렘 5:31)고 하셨으며, 또한 『**내가 이 선지자들을 보내지 아니하였음에도... 그들이 예언하였도다.**』(렘 23:21)고 하셨으며, 『**주가 말하노라. 그러므로 보라, 각기 자기 이웃으로부터 내 말들을 도둑질하는 선지자들을 내가 대적하노라.**』(렘 23:30)고도 하셨다.

그런데 놀라운 사실은 성경을 변개시킨 사람들은 심지어 이 말씀이 의미하는 무서운 형벌도 모르고 있다는 것이다. 그럼에도 불구하고 과연 이러한 사람들의 뒤를 따라가야만 하겠는가?

하나님과 인간과의 관계는 창조주와 피조물의 관계이다. 피조물이 창조주에게 주장할 것은 없다. 인간은 하나님의 주권을 인정하고 하나님의 말씀에 순종하는 것이 그 전부이다. 하나님께서는 말씀을 통해서 하나님의 뜻을 계시하신다. 태초에 계셨던 말씀은 하나님이시며 그 말씀이 육신이 되어서 우리 안에 거하고 계신다는 진리를 믿는 사람이라면 그 말씀을 훼손시키거나 훼손된 그 말씀을 믿고 하나님을 섬길 수 없다. 하나님께서는 인간에게 하나님의 말씀을 변개시킬 수 있는 어떠한 권한도 허락하신 적이 없다. 하나님께서는 말씀을 섭리로 보존하셨고 우리에게 그 말씀을 주셨다. 단지 우리가 할 일은 그 말씀을 받는 것이다.

『**진실로 내가 너희에게 말하노니, 하늘과 땅이 없어지기 전에는 율법의 일점 일획도 모든 것이 이루어질 때까지 결코 없어지지 아니하리라**』(마 5:18).

『**하늘과 땅은 없어져도 내 말들은 결코 없어지지 아니하리라**』(마 24:35).

이제 진정한 그리스도인이라면 참된 하나님의 말씀을 읽고, 연구하는 용기있는 성도들이 되어야 할 것이다.

제 6 장

# 문제의 구절들

자연인의 관점에 입각한 보수주의 학문은 전통원문을 삭제했다.

이것을 알렉산드리아("히스키야" 또는 "이집트") 원문 계열이라 부른다.

# 제 6 장
# 문제의 구절들

## 1. 성경 변개로 인한 해석상의 오류

앞 장에 수록한 비교표는 주로 삭제된 부분을 100여 가지 소개하였다. 그러나 실제로 삭제된 부분은 약 500여 군데에 이르며 단어로 계산하면 2,200단어가 넘는다. 이렇게 엄청난 분량이 삭제됨으로 인하여 야기된 신학적, 교리적 차이를 무엇으로 메우며 어떻게 변명할 것인지 의문스럽다. 긴 설명에 앞서 평범한 두 가지 질문을 해 본다. 첫째는 이 삭제된 부분들이 없어도 되느냐는 것이고 둘째는 이 삭제된 부분들로 인하여 생긴 오류들을 어떻게 해석하느냐는 것이다.

성경 해석에 큰 오류를 범할 수 있는 사람은 크게 나누어 두 부류이다. 먼저는 삭제된 성경을 그대로 쓰는 사람이요, 그 다음에는 자의대로 의역하여 사용하는 사람이다. 전자도 성경을 변개시킨 사람이요, 후자 역시 성경을 변개시킨 사람이다. 또 성경 해석에 오류를 범하는 사람은 자기의 무지와 편견으로 성경을 전체적으로 보지 않고 부분적으로 보기 때문에 그러한 편협한 소견에 집착한다고 볼 수 있다.

필자는 얼마 전 어떤 사람으로부터 전화를 받았다. 필자의 작은 책자 〈휴거와 재림〉을 읽고 질문할 것이 있다며 시간을 내달라고 했다. 그는 어느 유수한 회사의 중역이었다. 그는 성경에 나타난 종말론에 관한 그의 견해를 이야기했는데 그것은 필자로서는 한 번도 들어보지도 읽어보지도 못한 것들이었다. 예를 들어 요한계시록 6장의 흰 말을 탄 사람은 그리스도요, 성경에 나온 여자는 모두가 교회이며 동방의 나라는 한국이라는 것이었다. 약 두 시간 동안의 종말론에 관한 그 사람의 이야기를 들으면서 왜 이 사람은 올바른 성경 지식이 아닌 것을 지식으로 알고 축적했을까라는 생각이 머리를 무겁게 했다. 대화가 거의 끝나갈 무렵에 "성경에 한국이 나옵니까? 저는 금시초문입니다."라는 필자의 질문에 대하여 그는 답변을 하지 못했다. 그와 헤어진 후 '그와 내가 배운 성경 지식에 왜 엄청난 차이가 있을까'라는 의문을 제기했다. 그리고 그 사람이 틀린(오역이나 삭제된) 성경으로 공부했기 때문이라는 결론을 내렸다. 그 사람은 한글 개역성경을 다른 성경과 비교할 수 있는 능력이 없었고, 줄곧 개역성경으로만 공부하고 또 그 내용을 나름대로 해석한 것이었다.

필자가 그 사람에게 남겨준 마지막 말은 다음과 같다. "신학이라는 학문은 이미 인쇄된 책에서 공부하는 것이기 때문에 선생님이나 저나 또 다른 누구도 그 해석이 틀리면 안 됩니다. 성경이 제시해 주는 계시는 동일합니다. 그래서 성경은 하나님의 살아 있는 말씀 즉 진리라고 합니다. 성경이 보는 사람의 관점에 따라 달라질 수 있다면 그 성경은 이미 진리가 아닙니다. 하나님의 계시는 시간이나 공간, 사람의 시각이나 판단에 따라 변하는 것이 아니라 영원불변합니다. 그렇기 때문에 신학에서 '나는 이렇게 생각한다. 나는 이렇게 판단한다. 나의 주장은 이렇다.'라는 주관적인 사실이 수용되거나 용납되기보다는 성령의 조명을 더 많이 받은 믿음의 선배들이 생애를 바쳐 연구하고 터득한 사실들이 성경적 근거로 증거되었을 때 자기가 생각한 견해가 그 증거들과 얼마만큼 일치를 보고 있느냐를 보고 자기 지식을 확정하는 방법이 보편적입니다."

그러나 이때 한 가지 주의할 것은 자기가 속한 교단 학교의 교수나 소위 널리 알려진 학자들이라고 해서 신뢰해서는 안 된다는 점이다. 넓은 의미에서 볼 때 교단 신학교만큼 신학을 왜곡하는 재생 장소도 드물기 때문이다. 예를 들면 후천년주의(Post millennialism)나 무천년주의(A-millennialism)를 주장하는 학교 등은 전천년주의(Premillennialism) 학설을 배격하게 되는데 그렇게 되면 500군데가 넘는 성경 구절들을 자신들의 주장에 맞추기 위해서 사장시키거나 부정해야 한다. 이것이 타당한 일인가? 후천년주의자나 무천년주의자들이 자기들의 신학관을 옹호하려면 성경의 4/5를 덮어 버려야 한다.

성경의 삭제된 부분들로 인하여 야기된 오류들도 앞에 예시한 일들과 일맥상통한다. 삭제된 성경으로 삭제되지 않은 성경을 설명하려고 아무리 노력을 해도 그것은 헛된 속임수에 불과한 것이다. 이단을 판별하는 것은 간단하다. 성경에 없는 사실을 주장하고 실행하면 이단인 것이다. 자기 스스로 어린아이에게 물을 뿌려주며 구원시키고, 성직자 제도를 고수하며, 침례로 죄사함을 받는다고 가르치며 바티칸 사본(카톨릭 성경)에서 나온 한글 개역성경을 참된 하나님의 말씀이라고 주장하는 사람이 이

단시비를 판가름하고 있는 것을 볼때 고소(?)를 금할 수 없다.

그리스도인은 그리스도의 보혈의 대가로 죄사함을 받고 하나님의 영원한 생명을 나눠 가진 사람이다. 자기가 믿는 하나님의 경전인 성경이 틀렸다는데 못 들은 체하고 못 본 체하며 모르는 체 태연해 하는 사람을 그리스도인이라고 할 수 있겠는가? 자기 믿음의 근원이요, 주체인 성경이 틀려도 괜찮다고 생각하는 사람이 어찌 하나님의 사람이겠는가?(롬 10:17)

하나님의 영이 그 사람 안에 있다면 즉각적인 반응이 나타날 것이다. 무엇이 어디가 어떻게 틀렸는지에 관해서 놀라며 관심을 표명할 것이다. 한글 성경은 신약에서만도 2,000단어 이상이 삭제되고 없으며 어디를 펴보아도 〈한글킹제임스성경〉과 개역성경의 차이를 곧 알 수 있다고 해도 태연자약하고 있다면 이상한 일이 아닐 수 없다. 교회에 다니는 교인과 그리스도인은 다르다. 그리스도인은 즉각적인 반응을 보인다.

필자가 성경에 관해서 받는 질문은 하루에 평균 두세 건인데 모두가 진지한 질문들이다. 한 번은 25년간 교회에 다니셨다는 장로님이 “성경은 일점 일획도 틀린 것이 없고 고쳐서도 안 되므로 한글 개역성경을 고수하겠다.”고 했다. 그래서 필자가 “최초에 성경이 한글로 기록되었습니까?”라고 했더니 그가 대답하기를 “아닙니다.”라고 했다. “예, 최초의 성경은 구약을 히브리어로 신약을 헬라어로 기록하였고 거기에서 영어로 다시 한국어로 번역되었습니다. 번역된 성경이 원문과 틀리면 바로잡을 수 있습니다. 개역성경도 64번이나 개정하였습니다.”라고 설명하였더니 그때서야 이해하였다. 성경에는 오류가 없다. 절대로 무오하다. 그리고 바꿔서도 안 된다. 그것은 사실이다. 그러나 그것은 어디까지나 원본을 말하는 것이다. 역본과 번역본은 원본으로부터 착실히 한자한자 직역하여 본래의 의미를 그대로 전달시켜야 된다.

예수님의 가르침은 물론이요, 그 가르침을 근거로 해서 사도들이 교리를 정립했다. 성경이 어렵다고 우회하면 안 된다. 성경은 성경으로 풀어야 한다. 성경을 공부하지 않은 사람에게 성경은 모순이 있는 것으로 보이지만, 성경에는 모순도 해결되지 않는 부분도 없다. 성경을 우회시키는 사람들에게는 몇 가지 유형들이 있는데 첫째가 성경을 지나치게 은유화(Allegorize)시키는 사람들이며 두 번째는 지나치게 영적화(Spiritualize)시키는 사람들이다. 성경의 어떤 구절도 영적으로나 교훈적으로 적용시킬 수 있으나, 그것을 교리적으로 안착시키려 한다면 심각한 문제를 낳게 된다.

마태복음 24장과 25장을 잘못 해석함으로써 14가지 종파가 생겨났고 사도행전 2:38을 교리에다 적용시킴으로써 그리스도의 교회(Church of Christ)가 생겨났다. 반면에 침례교도들은 이 구절 앞에서 쩔쩔맨다. 왜냐하면 침례가 죄사함을 주는 것이 아니라는 그들의 지식에 혼란이 오기 때문이다. 그러나 이 구절은 그리스도인과는 상관이 없다. 이 구절은 사도 베드로가 유대인들 즉 그들의 왕으로 오신 메시아를 죽인 그들에게 예수께서 메시아라고 증거한 후의 일이다. 이에 놀란 유대인들이 "그러면 우리는 어떻게 해야 하느냐?"라고 물었던 것이다. 유대인들을 향한 베드로의 답변은 다분히 율법적이었다. 율법적 침례는 정결례를 의미하기 때문이다. 그러나 베드로의 복음 증거는 사도행전 10:43에서 『**누구든지 그를 믿는 자는 그의 이름으로 말미암아 죄들의 사함을 받으리라.**』고 확정된다. 또 사도행전 15:11에서 『**우리는** 주 예수 그리스도**의 은혜로 구원받는 것을 믿으며...**』라고 증거했다. 이것이 곧 성경의 교리인 것이다. 이렇게 볼 때 사도행전 2:38만을 가지고 교리에 적용시킨 사람들은 오류를 범하는 것이다.

신약성경 가운데 교리에 안착시키면 위험한 성경 내용을 포함하고 있는 책이 4권 있다. 이 4권의 책을 잘못 해석함으로써 나타나는 교리의 이색 현상으로 사람들은 상당히 혼동되어 있다. 성경을 공부하고 이해하는 데 목회자와 평신도를 구별짓는 것은 비성경적 구별 방법이긴 하지만 그래도 일반적으로 평신도들은 평신도이기에 이해가 되나 소위 신학자들이나 목회자들의 방송설교와 신문에 게재한 글들을 보면 흑인의 브레이크 댄스를 보는 기분이다. 이들은 자기 멋대로 춤추는 사람들이다. 한 개인이 잘못 이해하고 있는 것은 그 사람의 무지와 게으름 때문이기에 어느 정도 이해가 간다. 그러나 필자가 여기에서 말하려고 하는 대상은 설교하고 가르치는 위치에 있는 사람이다. 그 사람들이 잘못 가르치면 양들을 오염된 독초로 인도하는 것과 같다. 성경을 대할 때 우회하지 말아야 하며 그러기 위해서는 공부해야 한다. 『**네가 진리의 말씀을 올바로 나누어 자신이** 하나님 **앞에 부끄럽지 않은 일꾼으로 인정받도록 공부하라**』(딤후 2:15).

이제부터 삭제된 구절들이 성경교리에 얼마만큼 영향을 주고 있는가를 보게 될 것이다. 〈한글킹제임스성경〉(표준원문, KJV)이 한글 개역성경(네슬-알란드 원문, ASV, RSV, NIV, Living Bible, 중국어 성경)에 대하여 신약에서만도 2,000단어 이상을 삭제시켰다고 했을 때 삭제되지 않았으면 〈한글킹제임스성경〉이 오히려 첨가시킨 것이라는 반론이 있어야 한다. 그러나 성경의 역사가 시작된 이래 그와 같은 반증은 단 한 번도 없었으며 지금도 없고 앞으로도 없을 것이다. 그런데도 그 삭제된 성경은 여전히 출판되고 있고 교회 등에서 사용되고 있으며 설교하고 성경을 가르치는 데 쓰인다. 그들은 과연 누구인가? 교인인가? 그리스도인인가? 참으로 이상한 일 중에 이상한 일이 아닐 수 없다.

## 2. 교리에 영향을 준 삭제된 구절

밑줄친 부분은 기존 성경에 삭제된 부분이다. 독자들은 그 부분을 삭제시킨 채 읽어도 의미의 전달이 가능한지 판단해 보기 바란다.

### 1) 마태복음 5:22

**『내가 너희에게 말하노니, 까닭없이 자기 형제에게 노하는 자는 누구든지 심판의 위험에 처하게 될 것이며, 형제에게 라카라 하는 자는 누구나 공회의 위험에 처하게 될 것이요, 또 어리석은 자라 하는 자는 누구나 지옥불의 위험에 처하게 될 것이라.』**

항간에는 새미국표준역본(NASV)이 믿을 만한 번역이라고 말하는 학자들도 있고 그렇게 가르치는 학교도 많다. 유수한 신학대학의 교수 중에도 그렇게 가르치는 사람들이 있다. 새미국표준역본(NASV)은 개역표준역본(RSV)이나 새개역표준역본(NRSV)과 마찬가지로 헬라어 'eixe' 즉 '까닭없이'를 삭제시키고 있다. 이 구절에서 '까닭없이'를 삭제시킴으로써 예수 그리스도의 도덕적 인격을 의심스러운 성격(막 3:5)으로 만들고 있는 것이다. 까닭없이 자기 형제에게 화를 내는 사람은 심판을 받는다고 했다. 지금까지 발견된 대문자 필사본(Uncial)은 274본인데 A.D. 200년경에 발견된 전통원문 대문자 필사본에도 이 '까닭없이'는 들어 있고 지금까지 이 지상에 발견된 어떤 대문자 필사본에도 이 단어는 들어 있다.

한글 개역성경에는 두 가지 괄호가 있는데, [ ]에 들어 있는 부분은 원래 원본에는 없는 부분들이라고 했다. 그리하여 마가복음 16장의 마지막

열두 구절을 [ ]로 닫아 놓았다. 이 구절이 없는 필사본은 두 가지인데 곧 바티칸 사본과 시내 사본이다. 기존 한글 성경들은 하나같이 이 두 필사본을 원문으로 사용한 네슬-알란드판에서 번역되었기 때문에 괄호 표시가 있는 것이다.

#### 2) 디모데전서 3:16

『**경건의 신비는 논쟁의 여지없이 위대하도다.** 하나님**께서는 육신으로 나타나셨고** 성령**으로 의롭게 되셨으며, 천사들에게 보이셨고 이방인들에게 전파되셨으며, 세상에서 믿은 바 되셨고 영광 가운데로 들려 올라가셨음이라.**』

신구약 성경 전체에서 예수 그리스도의 신성을 가장 잘 설명해 놓고 증명할 수 있는 구절이 이 구절이다. 예수 그리스도께서 하나님이시라는 분명한 구절에서 하나님(God)을 그 사람(He)으로 바꿔 버린 것이다. 미국표준역본(ASV), 새미국표준역본(NASV), 개역표준역본(RSV), 새국제역본(NIV), 새개역표준역본(NRSV)은 모두 바꿔 버렸다. 5세기로부터 1,200년 동안에 발견된 헬라어 필사본 252가지가 다 "하나님"으로 되어 있다. 이것은 필사본 D, C, A, L, K에도 "하나님"으로 표기되어 있다. 그렇다면 이런 불경한 행위를 맨 먼저 한 사람이 누구인가? 그는 다름아닌 아일랜드의 친카톨릭 대주교 뉴캄(Newcome)이었다. 그는 1808년에 친카톨릭 변개를 시도했는데 이것은 웨스트코트가 예수회 성경(1582년판)을 채택하기 훨씬 이전의 일이며 이 구절은 그가 변개한 구절 중의 하나이다. 예로서 마태복음 6:13; 19:16; 24:36, 요한일서 5:7, 골로새서 1:14, 사도행전 8:37, 로마서 8:1, 디모데전서 3:16 등을 들 수 있다.

그런데 이상한 현상 가운데 하나는 현대 근본주의자들이 예수님의 신성을 가장 잘 다루고 있는 디모데전서 3:16과 요한일서 5:7,8을 가장 심하게 반대한다는 점이다.

### 3) 사도행전 8:37

『**빌립이 말하기를 "만일 당신이 마음을 다하여 믿으면 합당하니라."고 하니 그가 대답하여 말하기를 "나는** 예수 그리스도**가** 하나님**의** 아들**이신 것을 믿나이다."라고 하더라.**』

이 구절은 〈한글킹제임스성경〉을 제외하고서는 기존 한글 성경에는 한 군데도 없다. 영어 성경도 마찬가지이다. 미국표준역본(ASV), 개역표준역본(RSV), 새국제역본(NIV), 새미국표준역본(NASV), 새영어 성경(NEB)등도 똑같이 없다. 이 구절은 바티칸 사본과 시내 사본이 기록되기 150년 전에 이레내우스(Irenaeus)가 인용하였으면 그후 씨프리안(Cyprian)도 인용하였도 구라틴 역본(Old Latin A.D. 2세기)과 라틴 벌게이트(5세기)에도 있으며 E사본(6세기, 7세기)에도 있다.

삭제된 성경 구절을 유심히 살펴보면 그리스도의 신성의 격하가 제1목적이었던 것을 알 수 있다. 오리겐과 그 추종자들은 예수님을 요셉의 아들로 바꾸었으며(눅 2:33) 본 구절에서는 예수님이 하나님의 아들임을 시인하는 한 성도의 신앙 고백을 송두리째 삭제시켜 버린 것이다.

### 4) 사도행전 9:5-6

『**그러자 그가 말하기를 "**주**여, 당신은 누구시니이까?"라고 하니** 주께서 **말**

**씀하시기를 "나는 네가 박해하는** 예수**라. 가시채를 걷어차는 것이 네게 고통이라."고 하시더라. 그가 떨며 놀라서 말하기를 "주여, 내가 어떻게 하기를 원하시나이까?"라고 하니** 주께서 **그에게 말씀하시기를 "일어나서 성읍으로 들어가라. 그러면 네가 행해야 할 일을 네게 일러 주리라."고 하시더라.』**

기존 한글 성경들과 영어 성경등이 삭제시킨 부분들이다. 그러나 시리아 페쉬타(Syrian Peshitta, A.D. 200년)에는 있는 부분이다. 이것은 시내 사본이나 바티칸 사본보다 130년 앞선다. 복음을 떠난 학자들(Robertson, Schaff, Wuest, Thissen, Green, Wilbur Smith, Bruce, Warfield등)은 비잔틴 계열 사본은 후기 사본이라고 했다(홀트부터 알란드까지 포함해서). 그러나 최근에 와서는 비잔틴 계열 사본이 알렉산드리아 계열 사본보다 100년에서 200년 앞선 것으로 증명되었다. 오래된 사본일수록 더 좋은 사본이라는 원칙은 없다. 일찍 변개된 사본은 변개된 채로 전래될 수도 있기 때문이다. 하지만 로크만 재단(현대인의 성경과 표준신약의 출간을 재정 지원한 단체) 이 개혁사본(종교재혁을 의미)을 변개시키기 위해서 사용했던 필사본보다 전통원문 계열 사본이 100년 내지 200년을 앞섰다. 그란트(F.C. Grant), 쥰트(Zunzt), 콜웰(Colwell)은 A.D. 300년 이전의 시리아 문선을 150편이나 찾아내었다.

5) 요한복음 7:53-8:11

**『그리하여 각자 자기 집으로 돌아가더라.** 예수께서는 **올리브 산으로 가시니라. 이른 아침에 다시 성전으로 나오시니 모든 사람들이 주께로 오더라. 주께서 앉으셔서 그들을 가르치시더라. 그때 서기관들과 바리새인들이 간음**

**하다 잡힌 한 여인을 주께 데리고 와서 그 여인을 한가운데 세우고 주께 말씀드리기를 "선생님, 이 여인이 간음하다가 현장에서 잡혔나이다. 모세는 율법에서 그런 여자를 돌로 치라고 명령하였는데 선생님은 어떻게 말씀하시겠나이까?"라고 하니 그들이 이렇게 말하는 것은 주를 시험하여 그를 고소할 구실을 얻고자 함이라. 그러나** 예수께서 **못 들은 체하시고 몸을 굽혀 손가락으로 땅에다 쓰시더라. 그래도 그들이 계속해서 묻으니 일어서시어 그들에게 말씀하시기를 "너희 중에 죄 없는 자가 먼저 그 여인에게 돌을 던지라."고 하시더라. 그리고 다시 몸을 굽히시어 땅에다 쓰시니 그 말을 들은 자들은 양심에 가책을 받아 가장 늙은 자로부터 시작하여 맨 나중 사람까지 하나씩 하나씩 자리를 뜨더라. 그리하여** 예수께서 **혼자 남으시니 그 여인이 한가운데 서 있더라.** 예수께서 **일어서시어 그 여인 외에는 아무도 없는 것을 보시고 여인에게 말씀하시기를 "여인아, 너를 고소하던 자들이 어디에 있느냐? 아무도 너를 정죄하지 않더냐?"고 하시니 그 여인이 말씀드리기를 "주여 아무도 정죄하지 않았나이다."라고 하더라.** 예수께서 **그녀에게 말씀하시기를 "나도 너를 정죄하지 않노라. 가라, 그리고 더 이상 죄를 짓지 말라."고 하시더라.**』

새미국표준역본(NASV), 새국제역본(NIV)과 연관을 갖는 배교한 근본주의자들과 복음주의자들은 감히 이 구절을 삭제하지는 못하고 난외에 기록하기를 "오래된 권위본에는 대부분 삭제되어 있음"이라고 기록해 놓고 있다(NASV). 어떤 권위본을 말하는 것일까? 신약 필사본은 5,366본인데 그들이 주장하는 권위본은 그 중 어떤 것을 지칭하는 것인가? 처방 없는 약봉지와 같은 말이다. 도대체 어떤 권위있는 사본이 이 부분을 삭제시켰을까? 시내 사본과 바티칸 사본에만 유실된 것이다. 제롬(Jerome,

A.D. 380)도, 파시안(Pacian, A.D. 370)도, 어거스틴(Augustine, A.D. 396)도, 파우스투스(Faustus A.D. 400)도 있다고 했으며 구라틴 역본(Old Latin A.D. 150-200)에도 역시 있었다.

### 6) 요한일서 5:7-8

『**이는 하늘에서 증거하시는 이가 세 분이시니,** 아버지**와** 말씀**과** 성령**이시요, 이 세 분은 하나이심이라. 또 땅에서 증거하는 것도 셋이니,** 성령**과 물과 피요, 이 셋은 하나 안에서 일치하느니라.**』

미국의 대부분의 신학대학, 특히 〈킹제임스성경〉에 비중을 두지 않는 학교들에서는 표준원문의 약점을 지적한다며 이 구절을 예로 들고 나온다. 남침례교 신학대학들도 마찬가지이다. 그 사람들이 교실에서 학생들에게 거짓말하는 것과는 반대로 이 구절이 이대로 보존되어 있었다는 것은 3가지 이상의 증거로 확실시되었다.

첫째, 두 헬라어 필사본에서 발견되었다. 라비아누스(Codex Ravianus)와 No. 61에서이다.

둘째, 헬라어 필사본 88과 629의 난외주기에서 발견되었다.

셋째, 시프리안(Cyprian)이 인용하였는데 이것은 시내 사본과 바티칸 사본이 삭제시키기 60년 전의 일이었다.

넷째, 스페인 감독도 A.D. 380년에 인용하였다. 그 외에도 아프리카의 성도들이 430-534년에 여러번 인용하였다(Hills, Bible Believing Study p. 190). 카씨오도루스(Cassiodorus A.D.480-570)도 인용하였으며 구라틴 역본(Old Latin)에서도 발견되었다.

### 7) 마태복음 24:36(첨가)

**『그러나 그 날과 시간에 관해서는 아무도 모르나니, 심지어는 하늘의 천사들도 모르고, 오직 나의** 아버지**만 아시느니라.』**

세상사에서 문제를 일으키는 가장 큰 원인 중의 하나는 능력을 갖추지 못한 사람이 능력이 필요한 그 자리에 앉아 있는 것이다. 기술 분야는 말할 것도 없고 제도적 장치를 갖춘 기업이나 정부 기관이나 어떤 다른 기관도 마찬가지다. 이와 같이 성경원문을 알지 못하는 한 무지한 손이 귀한 하나님의 말씀에 손을 댄 것이 바로 이 구절이다. 다른 삭제 부분들도 물론 이단적 시도였음을 성경 역사가 증명하고 있다. 삭제되고 안되고 하는 단순한 문제가 아니라 믿는 사람들의 모든 논란의 시비를 가려 주는 최후의 권위가 변개되었을 때 오류가 진리를 압도할 수 있기 때문이다.

디모데전서 3:16은 예수 그리스도께서 하나님이라는 것을 증명해 주는 가장 소중한 구절인데 "그 사람"으로 바꿈으로써 예수님을 하나님의 피조물로 여겼던 것이다. 예수님을 하나님의 피조물이라고 믿는 사람들이 예수님을 하나님이라고 믿는 사람들을 박해하고 억압했던 사실이 있었다. 그것이 곧 콘스탄틴 대제 때의 아리안(Arian) 학파였다.

그런데 마태복음 24:36은 예수님의 재림의 날짜와 시간은 아무도 모르며 천사도 모르고 오직 아버지만 아신다고 했다. 마태복음을 마가복음과 비교한 엉터리 성경학자는 마태복음이 누락된 것으로 믿었든지 "아들도"를 삽입시켜 마가복음과 동일하게 만들었다. 〈킹제임스성경〉과 〈한글킹제임스성경〉을 제외한 알렉산드리아 계열 사본, 즉 기존 한글 개역성경을 위시한 모든 성경은 "아들도"를 삽입시켰다.

마태복음의 예수님은 왕으로 오셨다. 천국(kingdom of heaven)은 지상에 세워질 천 년 기간에 다윗의 보좌를 차지하시는 주님이 직접 통치하시는 나라이다. 이 천국은 하나님의 나라(kingdom of God)와는 다르다. 이 하나님의 나라는 우리가 거듭났을 때 사탄이 주관하는 세상제도의 나라에서 하나님이 주관하시는 그리스도의 나라로 옮겨졌을 때의 영적 나라이다. 『하나님**의 나라는 먹고 마시는 것이 아니라 다만** 성령 **안에서 의와 화평과 기쁨이라**』(롬 14:17). 천국과 하나님의 나라가 같다고 알고 있는 신학자도 많다. 그렇다면 "kingdom of heaven"과 "kingdom of God"에서 "heaven"(하늘)과 "God"(하나님)이 같다는 말인데, 하늘과 하나님을 같이 보아도 되는 것인가? 그런데 천국과 하나님의 나라를 구별하지 못하고 성경을 가르치거나 설교를 한다고 상상해 보라(이 땅에는 줄곧 그래왔지만). 성경의 모순을 스스로 조장하고 있는 것이다. 무엇을 말하는지 모르면서 말하고 무엇을 가르치는지 모르면서 가르치고 있는 것이다. 이 둘을 구별짓지 못하고 쓴 주석서들은 한갓 장식물에 불과하다. 신학 이론과 성경의 교리를 '그렇지 않을 텐데'라고 의아해 한다면 하나님을 잘 믿고 싶어도 방법이 없다. 먼저 성경대로 풀이한 좋은 책들이 없기 때문이다. 주일학교 교재들은 "다윗이 골리앗을 이겼다, 요나가 큰 물고기 뱃 속에서 삼 일 낮과 밤을..."과 같이 평범한 내용들만을 수록하고 있고 사람들은 주석서의 내용보다 저자의 유명세에 선택의 우선권을 두고 있다. 예를 들면 매튜 헨리(Matthew Henry)가 무엇을 잘못 썼는지에 관해서는 아랑곳하지 않고 그가 말한 대로 믿으려고 한다.

예수님은 실제적인 나라를 통치하시려고 이스라엘에 오셨다. 그러나 유대인들은 그들의 메시아요 왕이신 예수님을 거절해서 십자가에 처형했던 것이다. 그리하여 그 천년왕국의 수립은 지연되었다. 예수님께서 전하셨던 복음은 "회개하라 천국이 가까이 왔다"였다. 실제적인 왕국이 가까왔다고 하셨다. 침례인 요한도 "회개하라 천국이 가까이 왔다"고 똑같은 복음을 전파했다. 왕으로 오신 이가 자신의 재림 시기를 모른다고 한다면 그것은 성경의 모순을 날조하는 것이나 다름없다. 이 천국 복음, 즉 천국(kingdom of heaven)에 관한 복음은 주로 마태복음에서만 소개되었다.

필자가 말하는 것은 우리 나라에 제대로 배운 신학자가 없다는 말이 아니다. 학벌로 치면 세계 어느 나라에도 뒤지지 않는다고 믿는다. 문제는 용기가 없다는 것이다. 배운 것을, 옳은 것을 제시할 수 있는 용기가 부족하다. 즉 원로 목사로서의 체면과 교단의 체면과 선배님의 체면과 자기가 지금까지 주장해 온 것들이 교정된다는 걱정과 이에 한 가지를 더 부가한다면 아마 생계 유지와 보다 편안하고 풍요로운 생활을 하고자 하는 것이 그 이유가 될 수도 있을 것이다. 이들을 위해 사도 바울은 다음과 같이 말했다.

『**내가 이제 사람들에게 호감을 사랴? 아니면** 하나님**께 사랴? 아니면 내가 사람들을 기쁘게 하려고 하겠느냐? 내가 아직도 사람들을 기쁘게 하려고 한다면 나는** 그리스도**의 종이 아니니라**』(갈 1:10).

우리 나라의 소위 근본주의 신앙을 가졌다는 사람들도 다른 교단이나 종파들과 별로 다른 것 없이 가르치면서도 근본주의자라고 한다. 무엇이 근본인가? 그들은 성경의 격을 낮추어 성서라고 부르며 "아들도 모른다"라는 성경으로 "아들은 안다"라고 가르칠 수 있는가? 이들을 가리켜서 성경을 거부한 사람들(Bible rejecting christian)이라고 한다. 그들은 예수님의 재림이 임박했다고 가르친다. 그러나 그 날짜를 정한는 것은 사탄적이요 비성경적이라고 한다. 그러나 데살로니가전서 5:1-6을 보자.

**『그러나 형제들아, 그 때와 시기에 관해서는 너희에게 쓸 필요가 없으니 이는 주의 날이 밤에 도둑같이 오리라는 것을 너희 자신이 정확히 알고 있기 때문이니라. 그들이 "평안하다, 안전하다."고 말할 때에, 아이 밴 여인에게 진통이 오듯 갑작스런 멸망이 그들에게 임하리니, 결단코 피하지 못하리라. 그러나 형제들아, 너희는 어두움에 있지 아니하니 그 날이 너희를 도둑같이 덮치지 못하리라. 너희는 모두 빛의 자녀들이며 낮의 자녀들이라. 우리는 밤이나 어두움에 속하지 아니하노라. 그러므로 우리는 다른 사람들과 같이 자지 말고 깨어 있어 정신을 차리자.』**

요한계시록 3:22에 라오디케아 교회의 출현이 있고 난 후 휴거가 있는 것이 성경의 가르침이다(계 4:1,2).

### 8) 히브리서 4:8

**『만일** 예수**가 그들에게 안식을 주었더라면 하나님께서 그후에 다른 날을 말씀하지 아니하셨으리라.』**

필자는 이 부분과 관련하여 얼마 전 전화 문의를 받은 적이 있다. 안양에 있는 한 교회의 목사님인데 이 구절의 예수는 여호수아가 되어야 한다고 하면서 예수로 해 놓으면 사람들이 혼동할 테니 바로잡으라고 점잖게 충고(?)해 주셨다. 필자는 그 분에게 두 가지 사실을 말해 주었다. 첫째 그것은 반드시 예수라고 되어야 신학적으로 맞는 것이며, 둘째 성경원문에 예수라고 되어 있는 것을 번역자는 아무 권한이 없기 때문에 여호수아로 고칠 수 없다고 했다. 그 목사님은 필자의 대답이 별로 석연치 않았을 것이다. 필자는 히브리서를 전화로 장시간 강해할 수 없었다. 히브리서 4:8은 사도행전 7:45에서와 똑같이 원문대로 예수로 되어야 한다. 그런데 이 부분 역시 알렉산드리안 계열 사본은 기존 한글 성경들과 함께 여호수아로 표기함으로써 성경에 오류를 범했다.

(1) 최초의 안식은 창세기 2장에서 하나님 자신이 쉬시는 일곱째 날이었다. 그것이 시내산에서 모세에게 계시되었고(느 9:13,14) 이스라엘에게 한 표적으로 주셨는데(겔 20:20), 그 이유는 하나님께서는 처음부터 이스라엘이 회심할 것과 칠천 년째(seventh millennium)에서 이방의 머리가 될 것이라는 사실(계 20:1-6)을 알고 계셨기 때문이다. 그러므로 그 안식일을 히브리서 4:4에서 말씀하신 것이다.

(2) 성경 어느 구절도 영적으로 적용시킬 수 있다. 그러나 역사성, 즉 이 글이 언제 누구에게 무엇 때문에 쓰여졌는가를 먼저 깨닫지 못하고 무분별하게 적용시킨다면 그는 지금 물 밑을 헤엄치는 것과 다를 바 없다. 히브리서는 히브리인들에게 쓰여졌다. 주로 대환란 기간에 믿음과 행위로 구원받는 그 사람들을 위하여 쓴 것이다. 그렇기 때문에 히브리서 6장을 그리스도인들에게 적용시키면 구원을 잃어버릴 수도 있다고 해석하게 된다. 대단히 위험한 해석이다. 소위 내로라하는 미국의 신학자들 특히 주석을 쓰는 학자들이 히브리서에 와서 쩔쩔매고 엉터리 연출을 하는 것을 볼 수 있다. 히브리서를 교리서로 안착시키는 것은 위험하다.

(3) 민수기 13,14장에서 보여 준 것은 천년왕국에 최종적으로 들어가는 연습인 것이다. 그들이 카나안 땅에 들어가지 못했던 것은 믿지 않았기 때문이요 이 불신은 “군대로 승리하는 복음”(The Gospel of Armed Victory)이었다(민 13:30; 14:9, 출 34:11 참조). 이때에 “하나님의 은혜의 복음”(The Gospel of the grace of God)은 눈을 씻고 찾아보아도 없는 것이다. 칼렙

과 여호수아가 믿은 것은 "싸움의 복음"이었다(수 14:5-14). 이 복음이 히브리인들에게 대대로 이어져서 지금에까지 이른 것이다(슥 12:1-7).

물론 그들에게는 한 장애물이 첨가되었다. 이제 그들이 구원을 받으려면 예수 그리스도를 메시야로 믿어야 되며 결과적으로 여호수아를 대신하여 그들의 대장으로 믿어야 하는 것이다(히 2:10). 히브리서에서 여호수아의 자리에 예수가 쓰여 있지 않으면 그 성경은 틀린 것이다(하나님의 말씀은 절대적이다).

(4) 마지막으로 들어가는 것은 히브리서 4:6,8,11이며, 행위가 천년왕국에 들어가는 조건이 되고 있다(마 24:13; 25:14-30, 계 12:17; 14:12 등). 7년 환란 기간에도 복음이 전파되는데, 지금처럼 믿음으로만 구원을 받는 것이 아니라 행위가 있어야 한다. 끝까지 견디지 못하면, 즉 순교(목 베임)당하지 않고 짐승의 표를 받게 되면 구원받지 못하게 된다(이송오 지음, 휴거와 재림, 말씀보존학회, 1991. 참조).

(5) 성도는 그리스도께서 십자가에서 완성시켜 놓은 일에 안식할 수 있다는 점을 영적으로 적용시킬 수 있는 유일한 대상이며 이 점을 9장, 10장에서 말해 주고 있다. 그러나 교리적인 내용에서 즉각적으로 분리시키고 있다(히 4:8,11 참조).

### 9) 마태복음 18:10-11

한글킹제임스성경 : 『**너희는 이런 어린아이들 중에 하나라도 업신여기지 않도록 주의하라. 내가 너희에게 말하노니, 하늘에 있는 그들의 천사들이 항상 하늘에 계신 내** 아버지**의 얼굴을 뵙고 있느니라.** 인자**가 온 것은 잃어버린 자를 구원하려는 것이라.**』

개역한글판성경 : "삼가 이 소자 중에 하나도 업신여기지 말라. 너희에게 말하노니 저희 천사들이 하늘에서 하늘에 계신 내 아버지의 얼굴을 항상 뵈옵느니라." (11절은 없음)

이 구절은 각 사람에게 수호 천사(Guardian Angel)가 있음을 알게 해 주고 있다. 지금까지 알려지기로는 수호 천사들, 즉 성 페트릭, 성 크리스토퍼, 성 미가엘 등은 개인 대신에 사회적 집단을 수호한다고 믿어왔다. 그러나 성경 구절로 어떻게 묘사하고 설명해도 성경대로 믿는 성도들은 그것이 미신적인 것임을 알아차릴 수 있다.

성경 구절로 확실한 사실을 정립시켜 보기로 하자.

(1) 천사들은 기본적으로 모습을 드러낸다(행 7:30,32, 창 32:30, 유 1:1–20).

(2) 천사들은 어디에서나 남성으로 표현된다(창 32:29, 유 1, 눅 24, 행 1, 요 20, 계 19:17). 중성으로서 날개를 가졌다는 것은 카톨릭 그림장이들의 착각일 뿐 천사에게 날개가 있다는 성경적 근거는 없다. 본문에서의 천사는 33세의 남성이다. 성경 다른 구절에서도 예수님과 같은 33세로 표현되어 있다(빌 3:20,21, 요일 3:1–3, 마 22:30).

(3) 모습을 드러낸 천사는 개교회 회중을 대표하거나(계 1–3장) 민족(나라)들을 대표한다(단 12:1; 10:21, 사 63:9).

(4) 그들은 하늘에 있으며 하나님 앞에 있다(눅 15:7,10, 마 16:27, 딤전 5:21).

(5) 그들 중에 많은 수가 세상으로 오기 위하여 자기들의 지위를 떠났다(유 6, 벧후 2:3,4, 창 6:1–6, 욥 38장).

(6) 그보다 훨씬 많은 수가 향후 50년 이내에 외계에서 오는 사람으로 나타날 것이다(욥 1,2,38, 창 6:1-6, 눅 17:26-30, 계 12:4-13, 행 14:11-13).

수호 천사들은 실제로 활동한다. 특별한 경우에는 성도들을 돌보기도 한다(히 1:14). 창세기에서 하갈의 시중을 들었고 예수님께서 광야에서 시험을 받을 때와 파선하는 배에 있던 바울과(행 27장) 감옥에 갇힌 베드로에게도 역시 천사가 돕는 것을 볼 수 있다.

마태복음 18:10에는 이 세대에 알려 주어야 하는 귀중하고 현실적인 진리가 있다. 그것은 "거듭난 성도의 영원한 보장"이다. 거듭난 성도의 구원은 절대로 상실되지 않는다. 이것은 확고한 주님의 약속이다. 구원의 상실에 대한 위험을 말하는 사람들은 성경을 잘못 알고 있는 사람들이다. 구원을 의심하는 사람들은 먼저 출생이 잘못되었는지 모른다. 자신의 의지에 상관없이 교회에만 열심히 다니면 진리를 몰라도 구원받는다고 믿을지 모른다. 이처럼 칼빈주의의 엉터리 교리는 여기에서부터 시작된다. 인간은 완전히 타락했기에 무능력해서 예수 그리스도를 구세주로 영접할 수 없을 만큼 되어 버렸다는 비성경적 가르침이 무조건적인 선택, 제한된 구속, 저항할 수 없는 은혜 등의 교리가 되었다. 그러나 이렇게 성도의 영원한 구원을 보장하지 않는 것은 엉터리요 비성경적 오류인 것이다.

하나님께서는 인간을 자동장치로 만들지 않으셨다. 하나님께서 인간을 창조하신 목적 중의 하나는 인간들로부터 창조주를 숭앙하게 하는 것이었다. 여기에서 하나님을 경배하도록 인간의 의지를 고정시켜 놓지 않으셨다. 오른손을 드시면 피조물인 인간은 다 함께 일어나서 경배하고 왼손을 드시면 다 착석하고 하는 것이 아니라 인간의 자유 의지로(원하는 대로) 경배하게 하셨다. 인간은 자기 의지를 올바로 활용하여 하나님을 경배하고 죄 짓지 않을 수 있으나 자기 의지를 잘못 활용하여 하나님으로부터 돌아서고 욕심과 욕망과 환락을 추구하여 죄의 노예가 될 수도 있다. 그 가치관의 결정은 어디까지나 인간이 하는 것이다. 하나님의 가치관은 성경에 명시되어 있다. 그러나 인간은 자기의 가치관을 더 중요시 생각함으로써 성경을 무시할 수도 있다. 하나님께서는 이브에게 죄를 짓도록 하지 않으셨다. 이브 자신이 자기의 의지에 따라 범죄한 것이다. 칼빈주의자들은 언제부터인가 자기 의지를 상실한 로봇 인간들인지도 모른다. 창세기 6:5에서 하나님께서는 인간을 지으셨음을 한탄하셨다. 그 이유는 인간들이 자기들의 의지를 활용해서 하나님께 순종하는 것이 아니라 자기들의 기준을 따라 죄와 타협했기 때문이었다. 결국 하나님께서는 인간에게 자유 의지를 주신 것을 후회하시고 인간을 지면에서 쓸어 버리시기로 결심하셨던 것이다.

미국에서의 교회 생활을 통해 필자에게 가장 강렬하게 부각되었던 점은 부모들이 어린 자녀들의 구원에 관해서 깊은 관심을 가지고 있다는 것이었다. 어린아이들의 지성을 판단할 때 중요한 것은 "옳고 그른 것"(right and wrong)에 대한 지성이 아니라 "선과 악"(good and evil)에 대한 분별력이다(신 1:39, 롬 5:13,4; 4:15; 7:7-9). 어린아이들이 가지고 있는 분별력의 유무에 관한 기준은 "악은 하나님의 법칙을 위반하는 것이다."라는 사실을 알 수 있을 때까지 죄가 그 아이에게 해당되지 않는다고 본다. 부모가 자기 자녀의 구원 문제에 관심이 있는 것은 그 아이가 하나님의 법칙을 깨달을 나이가 되었음에도 그 법칙에 순응하지 않고 완강하게 돌아서고 있기 때문이다. 예정론자들은 하나님께서 자기 자녀들을 예정해 주셨다고 믿고 있을 텐데 이런 점에서 이들과 저들의 차이가 얼마나 큰가를 볼 수 있다. 그렇다면 그 부모들이 왜 그처럼 안달을 하며 자녀들의 구원에 관심이 있는 것일까? 그것은 자녀들이 거듭나지 않고 죽으면 지옥에 가는 것을 알기 때문이다. 지옥, 그곳은 실제적인 고통이 가해지는 곳이며 한 번 가면 영원히 그 고통 속에 있어야 한다는 것을 성경을 통해서 알고 있기 때문이다.

필자는 방문객들에게 그리스도인이 된 지 얼마나 되었느냐고 묻는다. 그러면 가끔 자신은 모태신앙인이라고 대답하는 사람들을 만나게 된다. 이 때 필자는 정직하게 "부모로부터 타락한 성품은 이어 받아도 신앙은 이어 받지 못한다"(엡 2:1-4, 롬 5:12-18)고 말해 준다. 물 뿌림을 받음으로 갓난아이가 지옥행을 면할 수 있다고 말한다면 그것은 세상에서 가장 악랄한 사기인 것이다.

마태복음 18:11이 한글 개역성경에는 삭제되었다. 그리고 동일한 알렉산드리아 계열의 사본에서 번역한 기존의 한글 성경들에도 물론 없다. 필자는 삭제된 구절이 지니고 있는 진리의 교훈이 어느 만큼 지대하며 그 구절이 삭제됨으로써 무엇을 잃고 있는지를 제시하려고 한다. 500여 군데 삭제된 2000여 단어의 의미를 짐작할 수 있게 될 것이다.

마태복음 18:11에 『인자**가 온 것은 잃어버린 자를 구원하려는 것이라.**』의 "인자"의 상대는 이스라엘 사람이다. 같은 내용이 누가복음 19:10에서도 반복된다. 그 구절은 아브라함의 자손을 말하기 전이다(행 3:25,26 참조).

일반적으로 성경 독자, 목사, 교사 할 것 없이 유대인들에게 직접적으로 적용되는 많은 성경 참조 구절로 인하여 언제나 혼란을 겪는다. 그 이유는 첫째, 오늘날의 성경 독자와 목사, 교사 95%가 이방인 즉 유대인이 아니기 때문이다. 둘째, 그처럼 많은 성경 구절들을 좋은 설교에 적용하기 때문에 성경 구절을 찾아서 고정된 자리에다 그것을 적용시키는 것은 다른 설교자들로부터 막강한 저항을 받을 수 있게 된다는 점이다.

마태복음 18:11은 그 좋은 예가 된다. "잃어버린 자"는 "이스라엘 집의 잃어버린 양"(마 10:6)에서뿐만 아니라 어떤 잃어버린 사람에게도 적용시킬 수 있다. 고린도후서 4:3에서 이 점을 분명히 해주고 있는데 그리스도 밖에 있는 이방인들은 그리스도를 거부한 유대인들처럼 "잃어버린 자"로 간주된다는 것이다. "잃어버렸다"(lost)라는 말은 아담으로부터 십자가까지 23번 나오고 예수님의 부활 후에는 단 한 번 밖에 나오지 않는다. "잃어버린 양"과 구약에서의 신약에서의 "잃어버린 양"은 언제나 이스라엘을 말하는 것이지 이방인을 말하지는 않았다(겔 33,34장, 렘 50:6; 33:13). 또한 예수님은 성경에서 인류의 목자로서는 조명된 적이 없으시다. 예수님은 구약의 유대인의 목자시요(시 23), 신약의 히브리인(히 13:20)의 목자시며, 거듭남을 통하여 이스라엘의 축복을 나눠 가지는 이방인들의 목자이시다(구원받은 성도들, 요 10:2-16). 마태복음 18:11-13을 보면 "잃어버린 양"을 찾으려고 목자가 곧바로 나갔던 것을 읽을 수 있다. 여기의 전체 내용은 이스라엘 사람들에게지만 마태복음 18:6은 오늘 이 세대에도 적용시킬 수 있는 것이다.

### 10) 요한복음 12:40

기존의 성경들은 구약 구절을 신약에서 인용할 때 분별 없이 구약 성경을 그대로 인용했다. 그러나 이것은 성경을 잘못 인용한 것이다. 요한복음 12:40은 이사야 6:10을 인용한 것인데 〈한글킹제임스성경〉과 개역성경을 비교해 보자.

한글킹제임스성경 : 『**그가 그들의 눈을 멀게 하시고 그들의 마음을 완악하게 하셨나니, 이는 그들이 눈으로 보지도 못하고 마음으로는 깨닫지도 못하며 회심하지도 못하게 되어 나로 그들을 치유하지 못하게 하려 함이라.**』

개역한글판성경 : "저희 눈을 멀게 하시고 저희 마음을 완고하게 하셨으니 이는 저희로 하여금 눈으로 보고 마음으로 깨닫고 돌이켜 내게 고침을 받지 못하게 하려 함이니라 하였음이더라"

개역성경이 인용한 이사야 6:10은 『**이 백성의 마음으로 살찌게 하고, 그들의 귀로 둔해지게 하며, 그들의 눈으로 감기게 하라. 그리하여 그들이 눈으로 보지 못하고, 귀로 듣지도 못하며, 마음으로 깨닫지 못하게 하며, 회심하지도 못하고, 치유받지도 못하게 하라.**』이다.

이 구절에 어휘로 표현된 주어는 하나이다. "그들"(they), 곧 이스라엘 사람뿐이다. 그런데 개역성경의 요한복음 12:40에서는 "내"가 하나 더 들어가서 주어가 두 개로 표기되었는데, 이것은 구약성경을 그대로 인용한 것도 아닌 "적당한" 번역이다. 〈한글킹제임스성경〉의 번역과 같이 원문의 주어는 세 개다. "He"(하나님)와 "They"(이스라엘 사람들)와 "I"(예수님)이다.

## 3. 내용의 차이가 현저한 구절

### 1) 마태복음 21:28-30

한글킹제임스성경 : 『**그러나 너희는 어떻게 생각하느냐? 어떤 사람에게 두 아들이 있었는데, 첫째에게 가서 말하기를 '아들아, 오늘 내 포도원에 가서**

**일하라.'고 하니, 그가 대답하여 말하기를 '아니하겠나이다.'라고 하더니 나중에 뉘우치고 갔으며, 둘째에게도 가서 그와 같이 말하니, 그가 대답하여 말하기를 '예, 아버지. 가겠나이다.'라고 하고는 가지 아니하였느니라.**』

개역한글판성경 : "그러나 너희 생각에는 어떠하뇨 한 사람이 두 아들이 있었는데 맏아들에게 가서 이르되 얘 오늘 포도원에 가서 일하라 하니 대답하여 가로되 아버지여 가겠소이다 하더니 가지 아니하고 둘째 아들에게 가서 또 이와 같이 말하니 대답하여 가로되 싫소이다 하더니 그 후에 뉘우치고 갔으니"

2) 마태복음 24:51

한글킹제임스성경 : 『**그러면 주인이 그를 갈라내어서 위선자들과 함께 그의 몫을 지우리니, 거기서 울며 이를 갈고 있으리라.**』

개역한글판성경 : "엄히 때리고 외식하는 자의 받는 율에 처하리니 거기서 슬피 울며 이를 갊이 있으리라"

3) 사도행전 23:9

한글킹제임스성경 : 『**그때 큰 아우성이 일고 바리새인 편에서 서기관들이 일어나 항의하며 말하기를 "우리는 이 사람에게서 악한 것을 찾아볼 수 없도다. 그러므로 영이나 천사가 이 사람에게 말한 것이라면 우리는** 하나님을 **거역하여 싸우지 말자."라고 하더라.**』

개역한글판성경 : "크게 훤화가 일어날쌔 바리새인편에서 몇 서기관들이 일어나 다투어 가로되 우리가 이 사람을 보매 악한 것이 없도다. 혹 영이나 천사가 저더러 말하였으면 어찌하겠느뇨 하여"

4) 로마서 11:6

한글킹제임스성경 : 『**은혜로 된 것이면 더 이상 행위가 아니니 그렇지 아니하면 은혜가 더 이상 은혜가 아니니라. 그러나 행위로 된 것이면 그것은 더 이상 은혜가 아니니 그렇지 아니하면 행위는 더 이상 행위가 아니니라.**』

개역한글판성경 : "만일 은혜로 된 것 이면 행위로 말미암지 않음이니 그렇지 않으면 은혜가 은혜되지 못하느니라"

5) 고린도전서 10:28

한글킹제임스성경 : 『**그러나 만일 어떤 사람이 너희에게 말하기를 "이것은 우상들에게 바친 제물이다."라고 하거든 알려 준 그 사람과 양심을 위하여 먹지 말라. 이는 땅과 거기에 충만한 것이 다 주의 것임이니라.**』

개역한글판성경 : "누가 너희에게 이것이 제물이라 말하거든 알게한 자와 양심을 위하여 먹지 마라"

6) 빌립보서 3:16

한글킹제임스성경 : 『**그러나 우리가 이미 어디에 이르렀든지 같은 법칙으로 행하고 같은 것을 생각해야 하리라.**』

개역한글판성경 : "오직 우리가 어디에까지 이르렀든지 그대로 행할 것이라"

7) 디모데후서 2:26

한글킹제임스성경 : 『**마귀의 뜻대로 그에게 사로잡혔던 그들이 마귀의**

**올무에서 깨어 나올까 함이라.**』

개역한글판성경 : "저희로 깨어 마귀의 올무에서 벗어나 하나님께 사로 잡힌바 되어 그뜻을 좇게 하실까 함이라"

**8) 히브리서 2:7**

한글킹제임스성경 : 『**주께서 그를 천사들보다 조금 낮게 지으셨고 그를 영광과 존귀로 관을 씌우셨으며, 주의 손으로 하신 일들을 그에게 넘겨주셨고**』

개역한글판성경 : "저를 잠간동안 천사보다 못하게 하시며 영광과 존귀로 관 씌우시며"

**9) 히브리서 3:16**

한글킹제임스성경 : 『**이는 어떤 자들이 말씀을 들을 때에 격노케 하였음이라. 그러나 모세에 의하여 이집트에서 나온 모든 사람이 그리한 것은 아니었느니라.**』

개역한글판성경 : "듣고 격노하던 자가 누구뇨 모세를 좇아 애굽에서 나온 모든 이가 아니냐"

**10) 베드로전서 4:14**

한글킹제임스성경 : 『**너희가** 그리스도**의 이름을 위하여 욕을 당하면 복이 있느니라. 이는 영광의 영 곧** 하나님**의 영께서 너희 위에서 안식하고 계시기 때문이니라. 그들의 편에서는 그분께서 비방을 당하시나, 너희의 편에서는 영광을 받으시느니라.**』

개역한글판성경 : "너희가 그리스도의 이름으로 욕을 받으면 복 있는 자로다 영광의 영 곧 하나님의 영이 너희 위에 계심이라"

**11) 요한계시록 14:5**

한글킹제임스성경 : 『**그들의 입에서 교활함을 찾아볼 수 없는 것은 그들이** 하나님**의 보좌 앞에서 흠이 없기 때문이라.**』

개역한글판성경 : "그 입에 거짓말이 없고 흠이 없는 자들이더라"

**12) 요한계시록 21:24**

한글킹제임스성경 : 『**그리하여 구원받은 자들의 민족들이 그 도성의 빛 가운데서 걷겠으며 땅의 왕들이 그들의 영광과 존귀를 그곳으로 가져오리라.**』

개역한글판성경 : "만국이 그 빛 가운데로 다니고 땅의 왕들이 자기 영광을 가지고 그리로 들어오리라"

## 4. 맺음말

지금까지 열거한 22가지의 내용은 이 나라 성도들이 알게 모르게 함께 사용해 온 전체 성경의 몇 가지 부분에 불과하다. 개역성경과 〈한글킹제임스성경〉 어느 장을 비교해도 원문, 번역의 내용, 의미 등에서 상당한 차이가 있음을 알게 될 것이다. 우리가 알아야 할 것은 사탄이 변개된 성경과 의역성경을 두려워하지 않는다는 사실이다. 변질되고 삭제되고 오역된 성경(알렉산드리아 원문 계열의 모든 성경)을 근거로 전개된 신학과 〈킹제임스성경〉과 〈한글킹제임스성경〉을 근거로 정립된 신학과의 차이를 고찰해 볼 필요가 있다. 전자의 학자들은 거의가 후천년 또는 무천년주의자들이다. 이들은 성경에는 하나님의 말씀도 포함되어 있다고 믿거나 혹은 성경은 다른 책들과 마찬가지로 인간이 기록한 책이라고 믿는다. 또 교회가 환란을 통과한다고 믿는 사람들도 많다. 학문적으로 말하면 현대주의자와 신정통주의자들이다. 그러나 후자는 전천년주의자들이요 교회는 휴거되고 환란이 시작된다고 믿는 사람들이며 무엇보다도 성경은 하나님의 말씀이라고 믿는 사람들이다. 그야말로 성경대로 믿는 성도들이다.

필자가 이 책을 쓰게 된 동기는 성도라면 이 정도의 사실은 알고 있어야 한다는 판단에서였다. 또한 하나님의 인도하심으로 〈한글킹제임스성경〉을 번역하게 된 계기도 그 무엇보다 성경이 틀려서는 안 된다는 일념에서였다. 만일 독자가 그리스도인이라고 하면서 자기 신앙의 초석인 성경이 변질되고 삭제되고 오역되었음에도 태연하게 있을 수 있다면 독자의 영적 출생은 다시 한 번 점검되어야 할 것이다. 왜냐하면 그 말씀이 없이는 예수 그리스도도, 아버지 하나님도, 성령의 역사도, 구원도, 천년왕국도 없기 때문이다.

〈한글킹제임스성경〉이 없음으로 인해 출간되어야 할 수많은 외국서적(〈킹제임스성경〉을 인용해서)들이 지금까지 사장되어 왔었다. 이런 책들이 출간되면 성도들은 눈을 뜨게 되고 보다 온전한 성경 지식으로 무장하게 되어 훌륭한 그리스도의 일꾼들이 많이 배출되리라 확신한다.

**“주의 말씀들은 순수한 말씀들이라. 흙 도가니에서 단련되어 일곱 번 정화된 은 같도다. 오 주여, 주께서 이 말씀들을 간수하시리니 주께서 이 세대로부터 영원토록 그것들을 보존하시리이다.”** (시편 12:6-7)

# 부 록

## (한글킹제임스성경과 개역한글판성경의 비교)

본 부록은 헬라어 표준원문(Textus Receptus)을 근거로 하여 기존 성경에서 삭제시킨 부분들을 열거한 것이다. [헬라어 표기상의 어려움으로 영어 〈킹제임스성경〉으로 대체 표기하였으며, 혹 네슬-알란드 원문(Nestle-Aland Text)에서는 삭제해 버렸으나 한글 개역성경에 실린 부분들이 있는데, 그것은 한글 성경이 일관성 없이 번역된 것임을 말해 준다.]

여기에 게재한 내용은 개괄적인 실례들을 소개한 것이므로, 신약성경 전체에서 첨가, 삭제, 오역으로 변개된 부분은 부록에 실린 것보다 훨씬 더 많다. 이 책에 소개된 예가 아니더라도 신약성경의 어느 장이든지 펼쳐서 〈한글킹제임스성경〉과 기존 한글 성경을 비교해 보면 의미 전달에 현저한 차이가 있음을 독자 스스로 발견하게 될 것이다.

**"이는 주께서 주의 말씀을 주의 모든 이름 위에 크게 하셨음이니이다."** (시편 138:2)

## 마태복음

1:25 (삭제) Firstborn = 첫 아들

3:3 (오역) 첩경을 평탄케 하라 ⇒ make his paths straight = 그의 길을 곧게 하라

4:18 (삭제) Jesus = 예수께서

5:13 (삭제) For nothing = 쓸모

5:22 (삭제) without a cause = 까닭없이

5:27 (삭제) that it was said by them of old time = 옛 사람들에게서 ... 고 한 말씀을

5:44 (삭제) bless them that curse you, do good to them that hate you, and pray for them which despitefully use you = 너희를 저주하는 자들을 축복하며, 너희를 미워하는 자들에게 잘해 주고, ... 위하여 기도하라.

6:4 (삭제) openly = 드러나게

6:13 (삭제) the kingdom, and the power, and the glory = 그 왕국과 권세와 영광이

6:33 (삭제) of God = 하나님의

8:7 (삭제) Jesus = 예수께서

8:15 (오역) 그의 ⇒ her = 그 여인의

예수께 수종들더라 ⇒ and ministered unto them = 그들을 섬기더라.

8:29 (삭제) Jesus = 예수여

9:13 (삭제) to repentance = 회개에 이르게 하려고

10:3 (삭제) Lebbaeus, whose surname was Thaddaeus = 다대오라고 하는 렙배오

11:12 (오역) 침노를 당하나니 ⇒ suffereth violence = 폭력으로 탈취되고

12:35 (삭제) of the heart = 마음에

12:47 (삭제) thy mother = 당신의 모친

13:51 (삭제) Jesus saith unto them = 예수께서 그들에게 말씀하시기를

13:55 (오역) 요셉 ⇒ Joses = 요세

14:13 (삭제) thence = 그 곳을

14:21 (삭제) about = 약

14:24 (삭제) was now in the midst of the sea = 이제 바다 한가운데 있었는데

(첨가) 육지에서 수리나 떠나서

15:8 (삭제) draweth nigh unto me with their mouth = 입으로는 나에게 다가오고

16:3 (삭제) O ye hypocrites = 오 너희 위선자들아

16:20 (삭제) Jesus = 예수

16:21 (첨가) 그리스도

17:20 (삭제) Jesus = 예수께서

17:21 (삭제) Howbeit this kind goeth not out but by prayer and fasting = 그러나 이런 종류는 기도와 금식에 이하지 않고는 나가지 아니하느니라."고 하시더라.

18:11 (삭제) For the Son of man is come to save that which was lost = 인자가 온 것은 잃어버린 자를 구원하려는 것이라.

18:35 (삭제) their trespasses = 그들의 잘못과 더불어

19:9 (삭제) and whoso marrieth her which is put away doth commit adultery = 또 버려진 여자와 혼인하는 자도 간음하는 것이라.

19:17 (삭제) God = 하나님

19:20 (삭제) from my youth up = 어려서부터

20:7 (삭제) and whatsoever is right, that shall ye receive = 그러면 적절한 대가를 받으리라.

20:16 (삭제) for many be called, bot few chosen = 부름을 받은 사람들은 많으나 택함을 받은 사람들은 적기 때문이라.

20:22 (삭제) and to be baptized with the baptism that I am baptized with? = 또 내가 받는 그 침례를 너희가 받을 수 있느냐?

20:23 (삭제) and be baptized with the baptism that I am baptized with = 또 내가 받는 침례로 침례를 받으려니와

21:12 (삭제) of God = 하나님의

22:13 (삭제) and take him away = 데리고 나가

22:30 (삭제) of God = 하나님의

23:4 (삭제) and grievous to be borne = 지기 힘든

23:8 (삭제) even Christ = 곧 그리스도시요

23:14 (삭제) Woe unto you, scribes and Pharisees, hypocrites ! for ye devour widows' houses, and for a pretence make long prayer : therefore ye shall receive the greater damnation = 위선자인 서기관들과 바리새인들아, 너희들에게 화 있으리라. 이는 너희들이 과부들의 집을 삼키며, 남들에게 보이고자 길게 기도하기 때문이라. 그러므로 너희는 더 큰 심판을 받으리라.

24:2 (삭제) Jesus = 예수께서

24:7 (삭제) pestilences = 역병

24:36 (첨가) 아들도

24:51 (오역) 엄히 때리고 ⇒ And shall cut him asunder = 그를 갈라내어서

25:13 (삭제) wherein the Son of man cometh = 인자가 오실

25:16 (삭제) then = 그후

26:3 (삭제) and the scribes = 서기관들과

26:60 (삭제) two false witness = 두 명의 거짓 증인이

27:9 (오역) 저희가 그 정가 된 자 곧 이스라엘 자손 중에서 정가한 자의 가격 곧 은 삼십을 가지고 ⇒ And they took the thirty pieces of silver, the price of him that was whom they of the children of Israel did value ; = 그들이 은 삼십개로 정한 자의 가격, 곧 이스라엘 자손 중에서 그들이 정한 그 가격을 가지고

27:35 (삭제) that it might be fulfilled which was spoken by the prophet, They parted my garments among them, and upon my vesture did they cast lots = 이는 선지자를 통하여 "그들이 그들 중에서 나의 옷을 나누고 또 나의 속옷을 놓고 제비 뽑았나이다."라고 하신 말씀이 이루어지게 하려 함이라.

28:2 (삭제) behold = 보라

28:6 (삭제) the Lord = 주께서

28:9 (삭제) And as they went to tell his disciples, behold, = 또 여인들이 제자들에게 말하려고 갈 때에, 보라,

28:20 (삭제) Amen = 아멘

## 마가복음

1:1 (삭제) Son of God = 하나님의 아들

1:2 (첨가) 이사야

1:14 (삭제) the kingdom of God = 하나님의 나라

1:31 (삭제) immediately = 즉시

1:42 (삭제) As soon as he had spoken = 말씀하시자마자

2:17 (삭제) to repentance = 회개에 이르게 하려고

3:5 (삭제) as the other = 다른 쪽 손과 같이

3:15 (삭제) to heal sicknesses = 병들을 치유하고

3:16 (첨가) 이 열둘을 세우셨으니

3:32 (첨가) 누이들이

6:11 (삭제) Verily I say unto you, It shall be more tolerable fot Sodom and Gomorrha in the day of judgement, than for that city = 진실로 내가 너희에게 말하노니, 심판 날에 소돔과 고모라가 그 성읍보다 더 견디기 쉬우리라."고 하시더라.

6:15 (첨가) 옛

6:16 (삭제) from the dead = 죽은 자들로부터

6:33 (삭제) and came together unto him = 주께로 함께 나오더라.

6:36 (삭제) for they have nothing to eat = 그들에게는 먹을 것이 아무것도 없나이다.

6:40 (삭제) in ranks = 떼를 지어

7:2 (삭제) they found fault = 흠을 잡더라.

7:8 (삭제) as the washing of pots and cups : and many other such like things ye do = 단지와 잔을 물로 씻는 것같이 이와같은 여러 가지 다른 일을 자행하는도다."라고 하시니라.

7:14 (첨가) 다시

7:15 (삭제) but the things which come out of him, those are they that defile the man = 사람 안에서 밖으로 나오는 것들은 그 사람을 더럽히느니라.

7:16 (삭제) If any man have ears to hear, let him hear = 누구나 들을 귀 있는 자는 들을지어다."라고 하시더라.

8:9 (삭제) they that had eaten = 먹은 사람들은

8:26 (삭제) Nor tell it to any in the town = 마을에 사는 어떤 사람에게도 말하지 말라."고 하시니라.

9:24 (삭제) Lord = 주여

9:29 (삭제) fasting = 금식

9:42 (삭제) in me = 나를

9:44 (삭제) Where their worm dieth not, and the fire is not quenched = 그곳에는 그들의 벌레도 죽지 않고, 불도 꺼지지 아니하느니라.

9:45 (삭제) into the fire that never shallbe quenched = 꺼지지 않는 불속인

9:46 (삭제) Where their worm dieth not, and the fire is not quenched = 그곳에는 그들의 벌레도 죽지 않고, 불도 꺼지지 아니하느니라.

9:49 (삭제) and every sacrifice shall be salted with salt = 모든 제물이 소금으로 소금치듯함을 받으리라.

10:7 (삭제) and cleave to his wife = 그의 아내와 합하여

10:21 (삭제) take up the cross = 십자가를 지고

10:24 (삭제) for them that trust in riches = 재물을 신뢰하는 자들이

10:34 (순서) 능욕하고, 침뱉으며, 채찍질하고 ⇒ shall mock him, and shall scourge him, and shall spit upon him = 그를 조롱하고 채찍질하며 침을 뱉고

11:8 (삭제) and strawed them in the way = 겉옷을 길에 펴고

11:10 (삭제) in the name of the Lord = 주의 이름으로

11:19 (오역) 저희가 ⇒ he = 예수께서

11:23 (삭제) whatsoever he saith = 그가 말한 것들이

11:26 (삭제) But if ye do not forgive, neither will your Father which is in heaven forgive your trespasses = 그러나 만일 너희가 용서하지 아니하면 하늘에 계신 너희 아버지께서도 너희 죄들을 용서하지 아니하시리라." 고 하시더라.

12:4 (삭제) and at him they cast stones = 그들이 그도 돌로 쳐서

12:29 (삭제) of all the commandments = 모든 계명 중의

12:30 (삭제) this is the first commandment = 이것이 첫째 계명이니라.

12:33 (삭제) and with all the soul = 혼을 다하고

13:8 (삭제) troubles = 재난이

13:11 (삭제) neither do ye premeditate = 생각해 놓지 말고

13:14 (삭제) spoked of by Daniel the prophet = 선지자 다니엘이 말했던

13:33 (삭제) and pray = 기도하라.

14:19 (삭제) and another said, Is it I ? = 또 다른 사람도 "내니이까?"라고 하더라.

14:27 (삭제) because of me this night = 오늘밤 나로 인하여
14:43 (삭제) And immediately = 곧
14:68 (삭제) and the cock crew = 닭이 울더라
14:70 (삭제) and thy speech agreeth thereto = 너의 말투가 그와 같으니라.
15:3 (삭제) but he answered nothing = 주께서는 아무 대답도 아니하시더라.
15:28 (삭제) And the scripture was fulfilled, which saith, And he was numbered with the transgressors = 그리하여 '그가 범죄자들과 더불어 헤아림을 받았다.'고 말한 성경이 이루어졌더라.

## 누가복음

1:28 (삭제) blessed art thou among women = 너는 여자 중에서 복 받은 자로다.
1:29 (삭제) And when she saw him = 그녀가 천사를 보고
1:37 (첨가) 모든 말씀
2:14 (삭제) good will toward men = 사람들에게 ... 호의로다
2:17 (삭제) And when they had seen it = 그들이 이 일을 보고
2:25 (삭제) And behold = 그런데, 보라,
2:33 (오역) 부친 ⇒ Joseph = 요셉
2:42 (삭제) to Jerusalem = 예루살렘에
2:43 (오역) 부모⇒ Joseph and his mother = 요셉과 주의 모친
4:4 (삭제) but by every word of God = 하나님의 모든 말씀으로 사느니라.

4:5 (삭제) into a high mountain = 높은 산으로

4:8 (삭제) Get thee behind me, Satan = 사탄아, 내 뒤로 물러가라.

4:18 (삭제) to heal the brokenhearted = 마음이 상한 자를 치유케 하시며

4:41 (삭제) Christ = 그리스도

5:16 (오역) 한적한 곳 ⇒ wilderness = 광야

5:38 (삭제) and both are preserved = 둘 다 보존되느니라.

6:1 (삭제) And it came to pass on the second sabbath after the first
= 첫 번째 안식일 후 두 번째 안식일에

6:16 (오역) 야고보의 아들 ⇒ the brother of James = 야고보의 형제

7:10 (삭제) that had been sick = 병들었던 종이

7:28 (삭제) prophet = 선지자는
the baptist = 침례인

7:31 (삭제) And the Lord said = 또 주께서 말씀하시기를

8:43 (삭제) which had spent all her living upon physicians = 자기 생
계비를 의사들에게 모두 썼으나

8:45 (삭제) and they that were with him = 또 그와 함께한 사람들이

8:54 (삭제) put them all out = 그들을 모두 밖으로 내보내신 후

9:10 (삭제) a desert place = 외딴 곳

9:54 (삭제) even as Elias did = 마치 엘리야가 한 것처럼

9:55 (삭제) Ye know not what manner of spirit ye are of = 너희는 너
희가 어떤 영을 지녔는지 알지 못하고 있도다.

9:56 (삭제) For the Son of man is not come to destroy men's lives,
but to save them = 인자는 사람들의 생명을 멸하려고 온 것
이 아니라 구원하려고 왔느니라."고 하시고

10:2 (삭제) that he would send forth labourers into his harvest = 추수 할 일꾼들을 보내 주소서 하라.

10:35 (삭제) when he departed = 그가 떠나면서

11:2 (삭제) Which art in heaven = 하늘에 계신

Thy will be done, as in heaven, so in earth = 아버지의 뜻이 하늘에서와 같이 땅에서도 이루어지이다.

11:4 (삭제) but deliver us from evil = 악에서 구하여 주시옵소서.

11:11 (삭제) If a son shall ask bread = 아들이 빵을 달라는데

will he give him a stone ? = 돌을 주며,

11:20 (오역) 하나님의 손 ⇒ the finger of God = 하나님의 손길로

11:29 (삭제) the prophet = 선지자

11:53 (오역) 거기서 나오실 때에 ⇒ And as he said these things unto them = 주께서 이런 일을 그들에게 말씀하실 때

11:54 (삭제) that they might accuse him = 고소하려고 하더라.

12:39 (삭제) he would have watched = 깨어 있어

12:46 (오역) 엄히 때리고 ⇒ will cut him in sunder = 그를 갈라내어서

17:9 (삭제) I trow not = 나는 그렇게 생각하지 아니하노라.

17:36 (삭제) Two men shall be in the field ; the one shall be taken and the other left = 또 두 사람이 들에 있는데, 한 사람은 데려가게 되고 한 사람은 남게 되리라."고 하시니라.

18:24 (삭제) that he was very sorrowful = 그가 몹시 슬퍼하는 것을

19:45 (삭제) that sold therein, and them that bought = 그곳에서 팔고 사고 사는 자들을

20:13 (삭제) when they see him = 그들이 그를 보면

20:23 (삭제) Why tempt ye me? = 어찌하여 너희가 나를 시험하느냐?

20:30 (삭제) And the second took her to wife, and he die childless = 둘째가 그녀를 아내로 취하였다가 그도 자손이 없이 죽고

(첨가) 셋째가

20:31 (삭제) And the third took her = 또 셋째가 그녀를 취하였고

21:4 (삭제) cast in unto the offerings of God = 하나님께 연보로 넣었지만

22:31 (삭제) And the Lord said = 또 주께서 말씀하시기를

22:43 (삭제) And there appeared an angel unto him from heaven, strengthening him = 그때 한 천사가 하늘에서 주께 나타나 힘을 돋우어 주더라(비평 사본에는 없는데 개역성경에 삽입됨. 공동번역에는 없음).

22:64 (삭제) they struck him on the face = 얼굴을 치며

22:68 (삭제) nor let me fo = 나를 가게 하지도 아니할 것이라.

23:17 (삭제) For of necessity he must release one unto them at the feast = 명절에는 반드시 그들에게 한 사람을 놓아주게 되어 있더라.

23:23 (삭제) of the chief priests = 선임 제사장들의

23:38 (삭제) in letters of Greek, and Latin, and Hebrew = 헬라어와 라틴어와 히브리어로

23:42 (삭제) And he said unto Jesus = 예수께 말씀드리기를

(오역) 예수여 ⇒ Lord = 주여

## 요한복음

1:18 (오역) 독생하신 하나님이 나타내셨느니라 ⇒ the only begotten Son, which is in the bosom of the Father, he hath declared him. = 아버지의 품 안에 계신 독생자, 그가 하나님을 분명히 밝히셨느니라.

1:27 (삭제) preferred before me = 나보다 앞선

2:4 (삭제) with thee = 당신과

3:13 (삭제) which is in heaven = 하늘에 있는

3:15 (삭제) should not perish = 멸망하지 않고

4:42 (삭제) the Christ = 그리스도

5:3 (삭제) waiting for the moving of the water = 물이 움직이기를 기다리고 있더라.

5:4 (삭제) For an angel went down at a certain season into the pool, and troubled the water whosoever then first after the troubling of the water stepped in was made whole of whatsoever disease he had. = 이는 천사가 어떤 때 그 못에 내려와 물을 움직이게 하는데, 물이 움직일 때 먼저 들어간 사람은 어떤 병이 있든지 낫게 됨이라.

5:16 (삭제) and sought to slay him = 또 죽이려고 하였으니

6:11 (오역) 앉은 자들에게 나눠주시고 ⇒ he distributed to the disciples, and the disciples to them that were set down = 제자들에게 나눠 주시니 제자들이 앉아 있는 사람들에게 나눠 주더라.

6:22 (삭제) that one whereinto his disciples were entered = 제자들 이
탔던 배 한 척 외에는

6:47 (삭제) on me = 나를

6:69 (삭제) that Christ, the Son of the living God. = 그 그리스도, 곧 살
아 계신 하나님의 아들

7:8 (삭제) this feast = 이번 명절에는

8:9 (삭제) even unto the last = 맨 나중

8:16 (삭제) and the Father = 아버지께서

8:38 (오역) 너희 아비에게서 들은 것 ⇒ that which ye have seen with
yout father = 너희 아비와 함께 본 것을

8:59 (삭제) going through the midst of them, and so passed by = 그
들 가운데로 가로질러 지나가시더라.

9:6 (삭제) of the blind man = 소경의

9:35 (오역) 인자 ⇒ the Son of God = 하나님의 아들

10:13 (삭제) The hireling = 삯꾼

10:26 (삭제) as I said unto you = 내가 너희에게 말한 바와 같이

10:39 (삭제) therefore = 그러므로

11:41 (삭제) where the dead was laid = 죽은 자가 놓여 있는 곳에서

16:16 (삭제) because I go to the Father = 이는 내가 아버지께로 가기 때
문이라.

17:12 (삭제) those that thou gavest me I have kept = 내게 주신 그들을
내가 지키었고

20:29 (삭제) Thomas = 도마야

21:15 (오역) 요한 ⇒Jonas = 요나

21:16 (오역) 요한 ⇒Jonas = 요나

21:17 (오역) 요한 ⇒Jonas = 요나

## 사도행전

1:3 (난해) 해 받으신 후에 ⇒ after his pssion = 고난을 당하신 후에

1:5 (오역) 세례 ⇒baptized = 침례

1:15 (오역) 형제 가운데 ⇒ in the midst of the disciples = 제자들 가운데

1:19 (오역) 본 방언 ⇒ in their proper tongue = 그들의 말로

2:4 (오역) 다른 방언 ⇒ with other tongues = 다른 방언들로

2:6 (오역) 각각 자기의 방언으로 ⇒ in his own language = 각 사람이 자기 나라 말로

2:8 (오역) 우리 각 사람이 난 곳 방언으로 ⇒in our own tongue, where in we were born = 우리 각 사람이 우리가 태어난 곳의 고유 언어로

2:10 (오역) 유대교에 들어온 사람들 ⇒ proselytes = 유대교로 개종한자들

2:30 (삭제) according to the flesh, he would raise up Christ = 육신을 따라 ... 그리스도를 일으키시어

2:46 (삭제) And they = 그리고 그들은

2:47 (삭제) the church = 그 교회에

3:11 (삭제) the lame man = 앉은뱅이가

4:25 (첨가) 성령으로

4:36 (오역) 권위자 ⇒ The son of consolation = 위로의 아들

5:24 (오역) 성전 맡은 자와 제사장들과 ⇒ the high priest and the captain of the temple and the chief priests = 대제사장과 성전 책임자와 선임 제사장들이

5:34 (난해) 교법사 ⇒ a doctor of the law = 율법 박사

6:2 (난해) 공궤 ⇒ serve tables = 식단을 돌보는 것이

7:30 (삭제) of the Lord = 주의

7:37 (삭제) him shall ye hear = 너희는 그의 말을 들으라

8:9 (난해) 큰 자 ⇒ great one =위대한 자

8:12 (오역) 세례 ⇒ baptized = 침례

8:13 (오역) 세례 ⇒ baptized = 침례

8:16 (오역) 세례 ⇒ baptized = 침례

8:37 (삭제) And Philip said, If thou believest with all thine heart, thou mayest. And he answered and said, I believe that Jesus Christ is the Son of God = 빌립이 말하기를 "만일 당신이 마음을 다하여 믿으면 합당하니라."고 하니 그가 대답하여 말하기를 "나는 예수 그리스도가 하나님의 아들이신 것을 믿나이다."라고 하더라.

8:38 (오역) 세례 ⇒ baptized = 침례

9:5 (삭제) it is hard for thee to kick against the pricks = 가시채를 걷어차는 것이 네게 고통이라.

9:6 (삭제) And the trembling and astonished said, Lord, what wilt thou have me to do? And the Lord said unto him = 그가 떨며 놀라서 말하기를 "주여, 내가 어떻게 하기를 원하시나이까?"라고 하니 주께서 그에게 말씀하시기를

9:10 (삭제) Behold = 보소서

9:11 (삭제) Behold = 보라

9:12 (삭제) in a vision = 환상 속에서

9:18 (오역) 세례 ⇒ baptized = 침례

9:25 (난해) 그의 제자들이 ⇒the disciples = 제자들이 (바울의 제자가 아님)

10:6 (삭제) he shall tell thee what thou oughtest to do = 네가 해야 될 일들을 그가 네게 말해 줄 것이라." 하더라.

10:7 (난해) 종졸 ⇒ a devout soldier = 경건한 병사

10:12 (삭제) and wild beasts = 들짐승들

10:21 (삭제) which were sent unto him from Cornelius ; and said, Behold = 코넬료가 자기에게 보낸 사람들에게 내려가서 말하기를 "보라,

10:30 (삭제) I was fasting until this hour = 이 시간까지 내가 금식하고

10:32 (삭제) who, when he cometh, shall speak unto thee = 그가 오면 너에게 말해 주리라.

10:37 (오역) 세례 ⇒ baptism = 침례

10:47 (오역) 세례 ⇒ baptized = 침례

10:48 (오역) 세례 ⇒ baptized = 침례

11:6 (삭제) I considered = 살펴보니

11:16 (오역) 세례 ⇒ baptized = 침례(2)

11:20 (삭제) preaching = 복음을 전하니라.

11:28 (삭제) Caesar = 카이사

13:24 (오역) 세례 ⇒ baptism = 침례

13:39 (삭제) from all things = 모든 일에 있어서도

13:48 (난해) 영생을 주시기로 작정된 자는 다 믿더라⇒ as many as were ordained to eternal life believed = 영원한 생명을 얻기로 정해진 자들은 다 믿더라.

15:18 (삭제) Known unto God are all his works = 그의 모든 역사가 하나님께 알려졌느니라.

15:24 (삭제) Ye must be circumcised, and keep the law ; to whom we gave no such commandment = '할례를 받고 율법을 지켜야 한다.'라고 하는데 우리는 그들에게 그러한 지침을 준 적이 없노라.

15:34 (삭제) Notwithstanding it pleased Silas to abide there still = 실라는 오히려 그곳에 머무는 것을 좋게 여기니라.

16:6 (오역) 부루기아와 갈라디아 땅으로 다녀가 ⇒ Now when they had gone throughout Phrygia and the region of Galatia = 프루기아와 갈라디아 지역을 통과하였을 때

16:17 (오역) 너희에게 ⇒ unto us = 우리에게

16:26 (난해) 옥터가 ⇒ the foundations of the prison = 감옥의 기반이

16:31 (삭제) Christ = 그리스도

17:24 (오역) 신께서는 ⇒ God = 하나님은

17:29 (오역) 신의 소행 ⇒ as we are the offspring of God = 하나님의 자손이라면

18:17 (오역) 모든 사람이 ⇒ all the Greeks = 모든 헬라인이

18:21 (삭제) I must by all means keep this feast that cometh in Jerusalem = 내가 어떠한 일이 있어도 다가오는 이 명절을 예루살렘에서 지키리라.

19:3 (오역) 세례 ⇒ baptism = 침례(2)

19:4 (오역) 세례 ⇒ baptism = 침례(2)

19:5 (오역) 세례 ⇒ baptized = 침례

20:15 (삭제) and tarried at Trogyllium = 그 다음 날에는... 트로굴리움에서 머물렀으며

20:24 (삭제) with joy = 기쁨으로

20:25 (삭제) of God = 하나님의

20:32 (삭제) brethren = 형제들아

21:8 (삭제) Paul's company = 바울과 일행인

21:22 (삭제) the multitude must needs come together = 무리가 몰려올 것이 분명한데

21:25 (삭제) that they observe no such thing = 이런 것을 지킬 필요가 없다고

22:9 (삭제) and were afraid = 놀랐으나

22:16 (오역) 세례 ⇒ baptized = 침례

22:20 (삭제) unto his death = 그를 죽이는 일에

23:9 (삭제) let us not fight against God = 우리는 하나님을 거역하여 싸우지 말자

23:30 (삭제) Farewell = 안녕히 계시옵소서.

24:6 (삭제) and would have judged according to our law = 우리의 율법에 따라 재판하고자 했는데

24:7 (삭제) But the chief captain Lysias came upon us, and with great violence took him away out of our hands = 사령관 루시아가 대병력을 대동하고 와서 그를 우리 손에서 빼앗아 가며

24:8 (삭제) commanding his accusers to come unto thee = 그를 고소

하는 사람들에게 당신께 가도록 명령하였나이다.

24:15 (삭제) of the dead = 죽은 자의

24:26 (삭제) that he might loose him = 그러면 그를 놓아주려고 하였더라.

25:2 (삭제) and besought him = 그에게 간청하며

25:16 (삭제) to die = 사형에

26:28 (난해) 적은 말로 ⇒ Almost = 거의

26:30 (삭제) And when he had thus spoken = 그가 이렇게 말을 하자

27:12 (오역) 동북, 동남 ⇒ the south west and north west = 남서와 북서 쪽으로

28:16 (삭제) the centurion delivered the prisoners to the captain of the guard = 백부장이 죄수들을 경호대장에게 넘겨주었고

28:29 (삭제) And when he had said these words, the Jews departed, and had great reasoning among themselves = 그가 이 말을 마치니 유대인들이 자리를 뜨더라. 그리고 그들 사이에 상당한 쟁론이 있더라.

## 로 마 서

1:16 (삭제) of Christ = 그리스도의

1:29 (삭제) fornication = 음행

1:31 (삭제) implacable = 화해하지 아니하며

6:11 (삭제) our Lord = 우리 주

8:1 (삭제) who walk not after the flesh, but after the Spirit = 육신을

따라 행하지 아니하고 성령을 따라 행하느니라.

8:4 (오역) 율법의 요구 ⇒ the righteousness of the law = 율법의 의

8:38 (오역) 현재 일이나 장래 일이나 능력이나 ⇒ nor powers, nor things present, nor things to come = 권세들이나 현재의 일들이나 다가올 일들이나

9:28 (삭제) For he will finish the work, and cut it short in righteousness = 일을 완수하시고 의 가운데서 속히 이루시리니

10:17 (오역) 그리스도의 말씀 ⇒ the word of God = 하나님의 말씀

11:6 (삭제) But if it be of works, then is it no more grace: otherwise work is no more work = 그러나 행위로 된 것이면 그것은 더 이상 은혜가 아니니 그렇지 아니하면 행위는 더 이상 행위가 아니니라.

13:9 (삭제) Thou shalt not bear false witness = 너는 거짓 증거하지 말지니라.

14:6 (삭제) and he that regardeth not the day, to the Lord he doth not regard it = 날을 소중히 여기지 아니하는 자도 주를 위하여 소중히 여기지 아니하며

14:9 (삭제) and rose = 일어나사

14:21 (삭제) or is offended, or is made weak = 성나게도 아니하며 연약하게 하지 아니하는 것이

15:8 (삭제) Jesus = 예수

15:19 (삭제) of Christ = 그리스도의

15:24 (삭제) I will come to you = 너희에게로 가겠노라.

15:29 (삭제) of the gospel = 복음의

16:18 (삭제) Jesus = 예수

16:20 (삭제) Christ = 그리스도

16:24 (삭제) The grace of our Lord Jesus Christ be with you all Amen
= 우리 주 예수 그리스도의 은혜가 너희 모두와 함께 있을지어
다. 아멘.

## 고린도전서

1:13 (오역) 세례 ⇒ baptized = 침례

1:14 (삭제) God = 하나님께

(오역) 세례 ⇒ baptized = 침례

1:16 (오역) 세례 ⇒ baptized = 침례(2)

1:17 (오역) 세례 ⇒ baptize = 침례

2:4 (삭제) of man's = 인간의

3:3 (오역) 시기와 분쟁이 ⇒ envying, and strife, and divisions = 시기
와 다툼과 분열이

5:4 (삭제) Christ = 그리스도(2)

5:7 (삭제) for us = 우리를 위하여

6:20 (삭제) For ye = 너희는

(삭제) and in your spirit, which are God's = 하나님의 것인 너희
몸과 너희 영으로

7:1 (삭제) unto me = 내게

7:5 (삭제) fasting = 금식

7:39 (오역) 그 남편이 살 동안에 매여 있다가 ⇒ is bound by the law as long as her husband liveth = 자기 남편이 살아 있는 동안에는 법에 매여 있으나

8:7 (오역) 습관이 있어 ⇒ with conscience = 양심을 가지고

9:18 (삭제) of Christ = 그리스도의

10:28 (삭제) for the earth is the Lord's, and the fulness thereof = 이는 땅과 거기에 충만한 것이 다 주의 것임이니라.

11:2 (삭제) bretheren =형제들아

11:24 (삭제) Take, eat : this is my body, which is broken for you = 이것은 너희를 위하여 쪼개진 나의 몸이니 받아 먹으라.

11:29 (삭제) Lord's = 주의

13:5 (오역) 성내지 아니하며 ⇒ is not easily provoked = 급히 성내지 아니하며

13:13 (첨가) 항상

14:16 (삭제) the unlearned = 깨닫지 못한

14:27 (난해) 다불과 세 사람이 ⇒ or at the most by three = 많아도 세 사람이

15:31 (첨가) 형제들아

15:47 (삭제) the Lord = 주

15:51 (첨가) 마지막 나팔에 순식간에 홀연히

15:52 (삭제) In a moment, in the twinkling of an eye, at the last trump = 마지막 나팔에 눈깜짝하는 순간에

15:55 (오역) 이기는 것 ⇒ sting = 쏘는 것

(오역) 쏘는 것⇒ victory = 승리

16:22 (삭제) Jesus Christ = 예수 그리스도

16:23 (삭제) Christ = 그리스도

## 고린도후서

3:3 (난해) 육의 신비 ⇒ tables of the heart = 마음판

4:10 (삭제) the Lord = 주

5:18 (삭제) Jesus = 예수

11:31 (삭제) Christ = 그리스도

12:2 (오역) 나는 모르거니와 ⇒ I cannot tell = 나는 말할 수 없지만

13:2 (오역) 말하노니 ⇒ I write = 쓰노니

## 갈라디아서

1:15 (삭제) But when it pleased God = 하나님께서... 기뻐하셨을 때에 (16절)

3:1 (삭제) that ye should not obey the truth = 너희가 진리에 순종하지 못하도록

3:17 (삭제) in Christ = 그리스도 안에서

3:24 (난해) 몽학선생 ⇒ schoolmaster = 선생

3:27 (오역) 세례 ⇒ baptized = 침례

4:7 (오역) 하나님으로 말미암아 유업을 이을 자니라 ⇒ than an heir of

God through Christ = 그리스도를 통한 하나님의 상속자니라.

4:8 (오역) 본질상 하나님이 아닌 자들에게 ⇒ unto them which by nature are no gods = 본질상 신들이 아닌 것들에게

4:2 (오역) 너희는 ⇒ we = 우리는

5:19 (삭제) Adultery = 간음

5:21 (삭제) murders = 살인

6:15 (삭제) in Christ Jesus = 그리스도 예수 안에서

6:17 (삭제) Lord = 주

## 에베소서

1:14 (오역) 그 얻으신 것을 구속하시고 ⇒ until the redemption of the purchased possession = 값 주고 사신 그 소유를 구속하기까지

1:20 (오역) 그 능력이 그리스도 안에서 ⇒ Which he wrought in Christ = 하나님께서 그 능력을 그리스도 안에서 역사하게 하사

3:9 (오역) 비밀의 경륜 ⇒ the fellowship of the mystery = 신비의 교제

3:14 (삭제) unto the Father of our Lord Jesus Christ = 우리 주 예수 그리스도의 아버지께

4:6 (삭제) you = 너희

(오역) 통일하시고 ⇒ and through all = 모든 것을 통하여

4:14 (삭제) whereby they lie in wait to deceive = 그들이 속이려고 숨어서 기다리는

5:21 (오역) 그리스도 ⇒ God = 하나님

5:30 (삭제) of his flesh, and of his bones = 그의 살과 그의 뼈의

6:1 (삭제) in the Lord = 주 안에서

6:10 (삭제) my brethren = 나의 형제들아

6:24 (삭제) Amen = 아멘

## 빌립보서

1:1 (순서) 그리스도 예수 ⇒ Jesus Christ = 예수 그리스도

1:6 (순서) 그리스도 예수 ⇒ Jesus Christ = 예수 그리스도

1:20 (오역) 오직 전과 같이 ⇒ as always = 항상 그러하듯이

2:19 (삭제) Jesus = 예수

3:16 (삭제) let us walk by same rule = 같은 법칙으로 행하고

4:13 (삭제) through Christ = 그리스도를 통하여

4:23 (삭제) Amen = 아멘

## 골로새서

1:2 (삭제) and the Lord Jesus Christ = 주 예수 그리스도

1:14 (삭제) through his blood = 그의 보혈을 통하여

1:28 (삭제) Jesus = 예수

2:2 (삭제) and of the Father = 아버지와

2:11 (삭제) of the sins = 죄들의

2:12 (오역) 세례 ⇒ baptism = 침례

3:6 (삭제) on the children of disobedience = 불순종의 자녀들 위에

3:15 (오역) 그리스도의 평강 ⇒ the peace of God = 하나님의 화평

4:15 (오역) 그 여자의 집에 있는 교회 ⇒ the church which is in his house = 그의 집에 있는 교회

4:18 (삭제) Amen = 아멘

## 데살로니가전서

1:1 (삭제) from God our Father, and the Lord Jesus Christ = 하나님 우리 아버지와 주 예수 그리스도로부터

2:19 (삭제) Christ = 그리스도

3:2 (삭제) our fellowlabourer = 우리의 동역자

3:11 (삭제) Christ = 그리스도

3:13 (삭제) Christ = 그리스도

5:27 (삭제) holy = 거룩한

5:28 (삭제) Amen = 아멘

## 데살로니가후서

1:8 (삭제) Christ = 그리스도

1:12 (삭제) Christ = 그리스도

2:4 (삭제) as God = 하나님처럼

3:1 (오역) 달음질하여 ⇒ may have free course = 속히 전파되어

3:18 (삭제) Amen = 아멘

## 디모데전서

1:17 (오역) 홀로 하나이신 ⇒ the only wise = 홀로 지혜로우신

2:7 (삭제) in Christ = 그리스도 안에서

3:3 (삭제) not greedy of filthy lucre = 더러운 이익을 탐내지 아니하며

3:6 (난해) 새로 입교한 자 ⇒ a novice = 초신자

3:16 (오역) 그는 ⇒ God = 하나님께서는

4:8 (난해) 금생과 내생에 ⇒ that now is, and of that which is to come 현재와 미래에

4:12 (삭제) in spirit = 영과

5:1 (난해) 늙은이 ⇒ an elder = 나이 많은 이

5:3 (난해) 경대하라 ⇒ Honour = 존경하라

5:5 (난해) 참 과부로서 ⇒ she that is a widom indeed = 참 과부이며

5:16 (삭제) man = 남자

5:21 (삭제) the Lord = 주

(순서) 그리스도 예수 ⇒ Jesus Christ = 예수 그리스도

6:5 (삭제) from such withdraw thyself = 그런 데서 네 자신은 빠져 나오라

6:7 (삭제) it is certain = 분명하니

6:21 (삭제) Amen = 아멘

## 디모데후서

1:9 (난해) 거룩하신 부르심으로 부르심은 ⇒ and called us with an holy calling = 거룩한 소명으로 부르심은

1:10 (오역) 복음으로써 생명과 썩지 아니할 것을 드러내신지라 ⇒ and hath brought life and immortality to light through the gospel = 복음을 통하여 생명과 불멸을 밝히셨느니라

1:11 (삭제) Gentiles = 이방인들

2:3 (첨가) 나와 함께

4:1 (삭제) the Lord = 주

(순서) 그리스도 예수 ⇒ Jesus Christ = 예수 그리스도

4:22 (삭제) Jesus Christ = 예수 그리스도

(삭제) Amen = 아멘

## 디 도 서

1:4 (삭제) the Lord = 주

(순서) 그리스도 예수 ⇒ Jesus Christ = 예수 그리스도

2:7 (삭제) gravity = 신중함

2:8 (오역) 우리를 ⇒ of you = 너희를

3:15 (삭제) Amen = 아멘

## 빌레몬서

1:2 (삭제) beloved = 사랑하는

(첨가) 자매

1:6 (삭제) Jesus = 예수

1:12 (삭제) thou therefore receive him = 너는 그를 받아들이라.

1:25 (삭제) Amen = 아멘

## 히브리서

1:3 (삭제) by himself = 친히

1:14 (오역) 부리는 영 ⇒ ministering spirits = 섬기는 영

2:7 (오역) 천사보다 못하게 하시며 ⇒ madest him a little lower than the angels = 천사들보다 조금 낮게 지으셨고

(삭제) and didst set him over the works of thy hands = 주의 손으로 하신 일들을 그에게 넘겨주셨고

3:1 (삭제) Christ = 그리스도

3:16 (오역) 애굽에서 나온 모든 이가 아니냐 ⇒ For some, when they had heard, did provoke : howbeit not all that came out of Egypt by Moses = 이는 어떤 자들이 말씀을 들을 때에 격노케 하였음이라. 그러나 모세 의하여 이집트에서 나온 모든 사람이 그리한 것은 아니었느니라.

5:10 (오역) 반차 ⇒ the order = 계열

6:2 (오역) 세례들 ⇒ baptisms = 침례들

6:20 (오역) 반차 ⇒ the order = 계열

7:11 (오역) 제사 직분 ⇒ priesthood = 제사장 직분

7:17 (오역) 반차 ⇒ the order = 계열

7:21 (삭제) for ever after the order of Melchisedec = 멜기세덱의 계열에 따른 영원한

7:26 (오역) 떠나 계시고 ⇒ separate = 성별되시며

9:19 (오역) 붉은 양털 ⇒ scarlet wool = 주홍색 양털

10:7 (삭제) God = 하나님

10:15 (삭제) for after that he had said before = 이는 그 후에 그가 미리 말씀하시기를

10:30 (삭제) saidth the Lord = 주가 말하노라.

10:34 (삭제) in heaven = 하늘에

10:38 (오역) 나의 의인은 ⇒ the just = 의인은

10:39 (오역) 침륜 ⇒ perdition = 멸망

11:11 (삭제) was delivered of a child = 아이를 출산하였으니

11:13 (삭제) were persuaded of them = 확신하여

12:20 (삭제) or thrust through with a dart = 창으로 던질 것이라는

13:25 (삭제) Amen = 아멘

## 야고보서

1:19 (첨가) 너희가 알거니와

1:26 (삭제) among you = 너희 가운데서

3:7 (오역) 벌레 ⇒ of serpents = 뱀들

4:4 (오역) 간음하는 여자들이여 ⇒ adulterers and adulteresses = 간음하는 남자들과 간음하는 여자들아

4:9 (오역) 슬퍼하며 ⇒ Be afflicted = 괴로워하고

4:12 (첨가) 재판자

5:1 (오역) 들으라 ⇒ go to now = 이제 오라

## 베드로전서

1:22 (삭제) through the Spirit = 성령을 통하여

1:24 (삭제) of man = 사람의

2:2 (첨가) 구원에 이르도록

(오역) 순전하고 신령한 젖을 ⇒ the sincere milk of the word = 순수한 말씀의 젖을

2:6 (오역) 경에 기록하였으되 ⇒ Wherefore also it is contained in the scripture = 그러므로 성경에도

2:21 (오역) 너희를 ⇒ us = 우리를

(오역) 너희에게 ⇒ us = 우리에게

4:1 (삭제) for us = 우리를 위하여

4:14 (삭제) on their part he is evil spoken of, but on your part he is glorified = 그들의 편에서는 그분께서 비방을 당하시나, 너희의 편에서는 영광을 받으시느니라.

5:2 (첨가) 하나님의 뜻을 좇아

5:10 (삭제) Jesus = 예수

5:11 (삭제) glory and = 영광과

5:14 (삭제) Jesus = 예수

(삭제) Amen = 아멘

## 베드로후서

1:20 (난해) 경의 ⇒ of the scripture = 성경의

1:21 (첨가) 하나님께 받아

(삭제) holy men of God = 하나님의 거룩한 사람들이

2:5 (오역) 노아와 그 일곱 식구 ⇒ Noah the eighth person = 여덟 번째 사람인... 노아는

2:17 (삭제) for ever = 영원히

3:10 (삭제) in the night = 밤에

3:18 (삭제) Amen = 아멘

## 요한일서

1:7 (삭제) Christ = 그리스도

3:1 (첨가) 우리가 그러하도다

3:13 (오역) 형제들아 ⇒ my brethren = 나의 형제들아

3:15 (오역) 살인하는 ⇒ murderer = 살인자는

4:19 (삭제) him = 그 분을

5:7 (삭제) For there are three that record in heaven, the Father, the Word, and the Holy Ghost: and these three are one = 이는 하늘에서 증거하시는 이가 세 분이시니, 아버지와 말씀과 성령이시요, 이 세 분은 하나이심이라.

5:8 (삭제) that bear witness in earth = 땅에서 증거하는 것도

5:13 (삭제) and that ye may believe on the name of the Son of God = 또한 너희가 하나님의 아들의 이름을 믿도록 하려 함이라.

5:21 (삭제) Little = 어린

(삭제) Amen = 아멘

## 요한이서

1:1 (오역) 내가 참으로 사랑하는 자요 ⇒ whom I love in the truth = 나는 진리 안에서 사랑하는

1:3 (삭제) the Lord = 주

1:13 (삭제) Amen = 아멘

## 요한삼서

1:1 (오역) 참으로 ⇒ in the truth = 진리 안에서

## 유 다 서

1:1 (오역) 사랑을 얻고 ⇒ are sancitfied = 거룩하게 되고

1:7 (난해) 다른 색을 따라가다가 ⇒ going after strange flesh = 다른 육체를 따라가다가

1:9 (난해) 훼방하는 판결을 쓰지 못하고 ⇒ durst not bring against him a railing accusation = 모독하는 비난을 하지 아니하고

1:22 (오역) 긍휼이 여기라 ⇒ have compassion = 동정하되

1:25 (첨가) 만고 전부터

1:25 (삭제) wise = 지혜로우신

## 요한계시록

1:5 (오역) 먼저 나시고 ⇒ first begotten = 첫째로 나시고

1:8 (삭제) the beginning and the ending = 시작과 끝이라

1:11 (삭제) I am Alpha and Omega, the first and the last = 나는 알파와 오메가요 처음과 마지막이라

(삭제) which are in Asia = 아시아에 있는

1:18 (삭제) I = 내가

(삭제) Amen = 아멘

2:9 (삭제) thy works = 너의 행위

2:13 (삭제) thy works = 너의 행위

2:15 (삭제) which thing I hate = 내가 그것을 미워하노라

5:4 (삭제) and to read the book = 책을... 읽거나

5:14 (삭제) And toe four and twenty elders fell down and workshipped him that liveth for ever and ever = 스물네 장로가 엎드려 영원 무궁토록 살아 계시는 분에게 경배하더라

6:1 (삭제) and see = 보라

6:3 (삭제) and see = 보라

6:5 (삭제) and see = 보라

6:12 (난해) 총담 ⇒ as sackcloth of hair = 머리털로 짠 천같이

8:10 (난해) 물샘 ⇒ the fountains of waters = 물들의 원천

9:9 (삭제) And they = 또 그들의

11:17 (삭제) and art to come = 앞으로 오실

12:12 (삭제) to the inhabiters of = 사는 자들에게는

12:17 (삭제) Christ = 그리스도

14:5 (삭제) before the throne of God = 하나님의 보좌 앞에서

16:3 (삭제) angel = 천사

16:8 (삭제) angel = 천사

16:17 (삭제) angel = 천사

(삭제) of heaven = 하늘의

17:6 (난해) 기이히 여기고 크게 여기니 ⇒ I wondered with great admiration = 크게 의아해 하며 놀랐노라.

18:20 (삭제) holy = 거룩한

20:9 (삭제) from God = 하나님께로부터

20:12 (오역) 보좌 ⇒ 하나님

21:24 (삭제) of them which are saved = 구원받은 자들의 민족들이

22:21 (삭제) Christ = 그리스도

# 참고문헌

1. Peter S. Ruckman, *Manuscript Evidence*, Pensacola, FL. Bible Baptist Bookstore, 1970.

2. Peter S. Ruckman, *Problem Text*, Pensacola, FL. Bible Baptist Bookstore 1976.

3. Peter S. Ruckman, *Biblical Scholarship*, Pensacola, FL. Bible Baptist Bookstore, 1988.

4 .Kurt Aland, *The Text of th N.T.*, Wm.B. Eerdmans Publishing Co., Grand Rapids, MI, 1986.

5. Dean John Burgon, *The Revision Revised*, Paradise, PA: Con-servative Classics, 1883.

6. Dean John Burgon, *The Last Twelve Verses of Mark*, London: James Parker and Co., 1871

7. Dean John Burgon, *The Causes of Textual Corruption*, London: James Parker and Co., 1871.

8. Dean John Burgon, *The Traditional Text*, London : George Bell and Sons, 1896.

9. Everett W. Fowler, *Evaluating Versions of the New Testament*, Watetown, Wisconsin : Maranatha Baptist Press, 1981

10. David Otis Fuller, *Which Bible*, Eugene, Oregon: The Eye Open-er Publisher, 1984.

11. David Otis Fuller, *True or False*, Grand Rapids: Grand Rapids International, 1973.

12. David Otis Fuller, *Counterfeit or Genuine*, Grand Rapids: Grand Rapids International Publications, 1983.

13 Norman Geisler and Nix William, *From God To Us*, Chicago: Moody Press, 1978.

14 J.H. Greenlee, *Introduction to New Testament Textual Criticism*, Grand Rapids : Eerdmans, 1983.

15. Edward F. Hills, *The king James Version Defended*, Des Montes, lowa: The Christian Research Press, 1984.

16. Wilber N. Pickering, *The Identity of the New Testament Text*, Nashville : Nelson, 1982.

17. Jasper James Ray, *God Wrote Only One Bible*, Eugene, Oregon: The Eye Opener Publishers, 1980.

18. Peter S. Buckman, *The Bible Babel*, Pensacola, FL. Bible Baptist Bookstore, 1981.

● 지은이 / 이송오 (신학박사, 한글킹제임스성경 책임 번역자)
• 성경침례교회 담임목사
• 말씀보존학회 대표
• 월간 성경대로믿는사람들 주필
• 킹제임스성경신학대학 설립자 및 학장, 교수
• 서울크리스찬중고등학교 설립자 및 교장
• 인터넷 신문 바이블파워 발행인 및 주필


● 저 서
• 〈완벽한 교회는 없는가〉
• 〈최후의 보루〉
• 〈현저한 차이〉
• 〈열린 성경 닫힌 마음〉
• 〈정복을 당한 자들〉 등 다수

바른 성경을 찾아서

**하나님께서는 한 가지 성경만을 쓰셨다**


초판1쇄 / 1991년 10월 15일
초판7쇄 / 2011년 3월 25일
지은이 / 이 송 오
펴낸이 / 이 송 오
펴낸곳 / 말씀보존학회
등 록 / 16-223(88.12.12)
주소 / 서울 강서 우체국 사서함 90호
전화 / (02) 2665-3743 · 팩스 / (02) 2665-3302
인터넷 / www.biblemaster.co.kr
E-mail / kjv@biblemaster.co.kr


판권소유 / 말씀보존학회

잘못된 책은 바꿔드립니다.


**값 8,000 원**